modernización y vanguardia
en el diseño y la arquitectura
summa (1963-1966)

Gentile, Mabel; Mazzei, Daniel; *et al.*

Modernización y vanguardia en el diseño y la arquitectura : summa (1963-1966) - 1a ed. - Ciudad Autónoma de Buenos Aires: diseño, 2024.

176 p. ; 21×15 cm

ISBN 978-1-64360-831-0

1. Arquitectura. 2. Historia de la arquitectura. I. Título

Hecho el depósito que marca la ley 11.723

La reproducción total o parcial de esta publicación, no autorizada por los editores, viola derechos reservados; cualquier utilización debe ser previamente solicitada.

© 2024 de la edición, diseño

ISBN 978-1-64360-831-0

Marzo de 2024

modernización y vanguardia en el diseño y la arquitectura

summa (1963-1966)

Mabel Gentile
Daniel Mazzei
(compiladores)

María Eugenia García Bouza
Agustina Lezcano
María Silvia López Coda
María Antonia Nosiglia

Índice

Introducción	**9**
1. Arquitectura, Universidad y Diseño en la Argentina de Posguerra (1948-1966) Daniel Mazzei	**13**
2. Cuando el editorial trasciende sus límites Mabel Gentile y Agustina Lezcano	**47**
3. La portada como objeto de diseño Mabel Gentile	**83**
4. La escala como artificio analítico María Eugenia García Bouza, Mabel Gentile, María Silvia López Coda y María Antonia Nosiglia	**101**
5. summa [imágenes] María Eugenia García Bouza, Agustina Lezcano, María Silvia López Coda y María Antonia Nosiglia	**115**
Anexo 1: Textos Editoriales de *summa* N°1 a N°4. Texto "El problema universitario" en *summa* N°5.	**151**
Anexo 2: Índices Índices de *summa* N°1 a N°5.	**163**
Los autores	**171**

Introducción

> El historiador no es aquel que determina qué del pasado permanece ahora, sino qué de ahora no es como en el pasado. El historiador no busca orígenes y fabrica continuidades, sino que establece diferencias y señala términos.
>
> Josep Quetglas[1]

Toda teoría es un sistema de pensamiento que ordena una serie de principios y proposiciones lógicas. En la actualidad, la comparación entre la Teoría de la Arquitectura y la Teoría del Diseño Gráfico plantea una significativa paradoja. Desde las décadas finales del siglo XX los discursos universales entraron en una significativa crisis. La Teoría Arquitectónica –con extensa bibliografía y varios siglos en su haber– da cuenta acabadamente de ello. Por el contrario, el corpus teórico del Diseño Gráfico está en pleno desarrollo. Por lo tanto, en la actualidad ambas disciplinas se encuentran en un proceso de mutación ya que han adquirido otras dimensiones, otros marcos de referencia y otros formatos.

En el caso de la Arquitectura los discursos unívocos se fragmentaron hasta llegar a la atomización. Por el contrario, en el terreno del Diseño Gráfico e incluso del Diseño Industrial, las publicaciones sobre los principios que conforman su corpus teórico aún son escasas

---

[1] Quetglas, Josep. (1997) *Escritos Colegiales. Escrits collegials.* Ed. Actar. Barcelona, p. 283.

y parciales. Sin embargo, estos caminos opuestos convergen hoy en formatos comunes, siendo uno de los casos el de las publicaciones periódicas. La revista *summa*, en sus casi tres décadas de edición (entre 1963 y 1992) ocupó un lugar destacado dentro del campo editorial argentino como revista moderna y vanguardista por excelencia.

Hoy, la pregunta inicial es ¿en qué parámetros los primeros números de summa no son lo que fueron en la década del 60? En *Por qué leer a los clásicos*, Ítalo Calvino responde en parte este interrogante: "cuanto más cree uno conocerlos de oídas, tanto más nuevos, inesperados, inéditos resultan al leerlos…". Esto redunda en otra de sus características: "a veces descubrimos en él algo que siempre habíamos sabido, pero no sabíamos que había sido el primero en decirlo".[2] En el siglo XXI, *summa* no sólo es un ejemplo clásico de la vanguardia moderna en el campo editorial local de las revistas de Arquitectura y Diseño de la década del 60, sino sobre todo, se constituye en vehículo de reflexiones y cuestionamientos que la transforman en un clásico a la vanguardia del diseño argentino.

Este libro es el resultado de un proyecto de investigación financiado por la Universidad de Buenos Aires, cuyo objetivo fue analizar *summa* en forma interdisciplinaria, en tanto contenido y objeto de diseño.[3] El mismo reúne una serie de ensayos sobre la revista en su primera etapa (entre los años 1963 y 1966), entendida como expresión de la vanguardia de la arquitectura y del diseño local, enmarcado en el complejo panorama histórico social y cultural de la Argentina de los años sesenta.

---

[2] Calvino, Italo. (2019) *Por qué leer los clásicos*. Ed Siruela. Madrid, p. 16.

[3] Proyecto UBACyT "La revista *summa* y la creación de un nuevo campo disciplinar (1963-1973). Modernización y Vanguardia en la Arquitectura, el Urbanismo y el Diseño argentinos y su representación gráfica", correspondiente a las programaciones científicas 2018 y 2020, con sede en el Instituto de Estudios Interdisciplinarios de América latina (INDEAL), de la Facultad de Filosofía y Letras (UBA).

Partimos de algunos de los aspectos menos estudiados de *summa*: desde el análisis del discurso de sus editoriales, el tratamiento de las imágenes y de las escalas, hasta el estudio iconográfico e iconológico de su emblemática portada. La aplicación de distintas metodologías de análisis responde a la premisa acerca de qué aportes propone *summa* hoy para el corpus teórico del diseño –en términos amplios– y su relación con el contexto histórico argentino, pasado y actual.

El libro está organizado en cinco capítulos. El primero, de carácter contextual propone reconstruir el clima de ideas en el cual surgió *summa*, así como las redes académicas, profesionales y de sociabilidad en las que se movía su fundador, Carlos Méndez Mosquera. Se analizaron los diferentes campos de acción en los que éste desarrolló su actividad, vinculados con el proceso de modernización nacional: la Universidad, la Arquitectura, el Diseño y la Publicidad. El punto de partida es el año 1948, año de su ingreso a la carrera de Arquitectura. Para ello proponemos analizar la situación de la Universidad de Buenos Aires y en particular de la FAU, en el contexto de la universidad argentina bajo el gobierno peronista. La segunda parte se centra en las transformaciones producidas a partir de 1955 en la nueva universidad autónoma, y finaliza en 1966 con la intervención de las universidades en la llamada "Noche de los Bastones Largos", ocurrida en julio de 1966. Esa fecha significó, al mismo tiempo, el fin de la etapa universitaria de Méndez Mosquera por dos décadas, así como la publicación de *summa* 5, cuando abandonó la dirección de la revista.

El segundo capítulo analiza los alcances semánticos de los editoriales –llamados "Introducción" por Méndez Mosquera– en las cuatro primeras ediciones. Se parte de un pormenorizado análisis del editorial como género periodístico de opinión y también como manifiesto, tanto independentista como vanguardista, para luego avanzar en un exhaustivo estudio discursivo de cada uno de los textos seleccionados y finalizar con la comparación de los mismos.

El siguiente capítulo parte del estudio detallado de las primeras tapas de la revista, totalmente blancas con tipografía en color. El texto se detiene en el diseño gráfico, la escala, la tipografía y el uso del color, así como en los antecedentes del autor como diseñador. Este tipo de diseño de portada, pensado más allá de una simple tapa de revista de divulgación, se presenta como un verdadero objeto de diseño donde se ponen en juego principios compositivos gráficos de vanguardia.

El cuarto capítulo pone el foco en uno de los artículos del número inaugural de *summa*: "Primer concurso internacional de Arquitectura en Argentina: el edificio Peugeot". Los editores lo subdividieron en tres apartados, siendo el objeto de análisis de este ensayo el primero de ellos. En él, tanto los elementos escalares de las imágenes como la interpretación intrínseca de las mismas, en tanto artificios analíticos, son analizados como recursos editoriales óptimos de comunicación en la gráfica de vanguardia.

El quinto y último capítulo plantea verificar el papel que juega la imagen en la revista *summa*. Para ello se hace foco en la estructura de la revista identificando temas, agrupando problemáticas e indagando las posibles relaciones con las imágenes, para luego analizar cómo se construye el discurso lingüístico a partir de ellas y cómo el predominio de una cultura visual deviene en una enunciación teórica y su consecuente difusión como medio de comunicación especializado.

Para finalizar incluimos dos anexos. El primero comprende los textos completos de las cuatro primeras introducciones y la nota escrita por Méndez Mosquera a raíz de la intervención a las Universidades nacionales a fines de julio de 1966. En el segundo, recuperamos los índices de las cinco primeras ediciones de *summa*.

Por último, no queremos terminar esta Introducción sin expresar nuestro agradecimiento a la Universidad de Buenos Aires, de la que tenemos el honor de ser parte, cuyo financiamiento ha hecho posible este libro.

1.

Arquitectura, Universidad y Diseño en la Argentina de Posguerra (1948-1966)

Daniel Mazzei

El primer número de *summa* fue publicada en Buenos Aires en abril de 1963 en el contexto de modernización social y cultural que vivía Argentina a partir de la segunda mitad de la década de 1950. Su fundador y primer director, Carlos Méndez Mosquera, había nacido en Buenos Aires en diciembre de 1929, e ingresado a la Facultad de Arquitectura y Urbanismo (FAU) en 1948, el año de su fundación. Siendo estudiante colaboró con la publicación de la revista del Centro de Estudiantes de Arquitectura (*CEA* 2) y se relacionó con Tomás Maldonado, con quien fundó en 1951 la revista *nueva visión* y, un año después, Axis, el primer estudio de diseño gráfico argentino. Durante esa década se vinculó con el diseño a través del grupo HARPA, con el mundo editorial a partir de la creación de Ediciones Infinito y con la publicidad a partir de la fundación (junto a su esposa Lala) de Cícero Publicidad. Tras la caída de Perón regresó a la universidad como profesor de Visión en las universidades de Buenos Aires y Rosario con apenas 28 años, alcanzando el vicedecanato de la FAU (1965-1966).

Este artículo se propone reconstruir el clima de ideas en el cual surgió *summa*, así como las redes académicas, profesionales y de sociabilidad en las que se movía su fundador. Para ello se analizarán los diferentes campos de acción en los que este desarrolló su actividad, vinculados con el proceso de modernización: la Universidad, la Arquitectura, el Diseño y la Publicidad.

El punto de partida es el año 1948, que el propio Méndez Mosquera (1969) propone como un punto de inflexión para el diseño en Argentina, pero también el año de su ingreso a la carrera de Arquitectura. Para ello proponemos analizar la situación de la Universidad de Buenos Aires y en particular de la FAU, en el contexto de la universidad argentina bajo el gobierno peronista y, al mismo tiempo, un proceso paralelo relacionado con el desarrollo del Diseño en Argentina a partir de un hecho que, con el tiempo, ha cobrado ribetes legendarios y se ha transformado en un parteaguas: el viaje de Tomás Maldonado a Europa. La segunda parte se centra en las transformaciones producidas a partir de 1955 en la nueva universidad autónoma y finaliza en 1966 con la intervención de las universidades en la llamada "Noche de los Bastones Largos". Precisamente ese hecho, ocurrido en julio de 1966 marca el final de este texto a partir de dos hechos relacionados con la figura de Carlos Méndez Mosquera: la intervención a las universidades que significó el fin de su etapa universitaria por cada dos décadas y la publicación de *summa* 5, cuando Lala Méndez Mosquera asumió la dirección, y él se desplazó al rol de editor.

En tiempos de la Universidad peronista

El 1° de enero de 1948 nació, formalmente, la Facultad de Arquitectura y Urbanismo (FAU) de la Universidad de Buenos Aires, que había sido creada en septiembre de 1947, por el Congreso Nacional.[1] Durante el debate de la ley, la oposición, a través del diputado radical y dirigente reformista Emilio Ravignani, impugnó el avasallamiento de la autonomía universitaria ya que la nueva facultad era resultado de un proyecto del Poder Ejecutivo en el que no se había consultado a la Universidad.[2] Poco tiempo antes se había sancionado la nueva Ley Universitaria, ley 13.031 (también conocida como Ley Guardo), que terminaba con la autonomía universitaria establecida en 1918. La nueva ley preveía que el Rector y los Decanos de las facultades serían designados por el Poder Ejecutivo, prohibía la actuación política de profesores y estudiantes, y establecía que los Consejos Directivos estarían integrados por 10 profesores que elegirían al Decano a partir de una terna propuesta por el Rector.[3] Habría un representante estudiantil, con voz, pero sin voto, elegido por sorteo entre los mejores promedios del último año. Ese fue el motivo por el cual la nueva facultad fue creada por una ley del Congreso y no por decisión del Consejo Superior de la Universidad de Buenos Aires.

---

[1] Se trata de la ley 13.045/1947. Hasta esa fecha la "Escuela de Arquitectura", creada en 1901, formaba parte de la Facultad de Ciencias Exactas, Físicas y Naturales. La nueva Facultad comenzó a funcionar el 1° de enero de 1948 en la Manzana de las Luces.

[2] Para los detalles del debate de la ley y los argumentos de la oposición véase Calderari y Marcos (1997, p. 12-13).

[3] El Ministro de Educación, Oscar Ivanissevich, presentó la Ley Universitaria afirmando: "La Reforma Universitaria agregó un veneno violento, el cogobierno estudiantil, que malogró sus buenas iniciativas. El cogobierno universitario no puede ser sino el resultado de una mentalidad perversa e inconsciente". Citado en Sigal, 2002, p. 504.

El arquitecto Ermete De Lorenzi se desempeñó como interventor de la FAU hasta octubre de 1948 cuando fue designado Decano hasta mediados de 1949. De Lorenzi, titular de Teoría de la Arquitectura, era integrante del Estudio DOR, junto a Aníbal Rocca y Julio V. Otaola, quien ejercía, en ese momento, el rectorado de la Universidad de Buenos Aires. Bajo el decanato de Ermete De Lorenzi la FAU se organizó en cuatro departamentos que actuaban como coordinación entre las cátedras e institutos: Arquitectura, Urbanismo, Artes Plásticas y Técnico.[4] También se abocó a la elaboración de un nuevo Plan de Estudios de transición, organizado en 3 ciclos: Básico, Medio y Superior, con innovaciones y permanencias.[5]

Durante el gobierno peronista, en 1949, se eliminaron los aranceles y el examen de ingreso, lo que triplicó el número de estudiantes universitarios.[6] En el caso de la carrera de Arquitectura, esto condujo a una situación de hacinamiento. La Facultad, no daba abasto.[7] En 1949 la FAU tenía 800 estudiantes; en 1953 hubo 300 ingresantes.

Quienes estudiaron en aquellos años no tienen un buen recuerdo del nivel académico de los profesores de la Facultad. Para Justo Solsona "el cuerpo de profesores de esos años, me refiero particularmente en lo que hace a las asignaturas de diseño, era olvidable. Eran los que nosotros llamábamos flor de ceibo (…) por los que no

---

[4] Calderaro y Marcos, 1997, p.14. Los primeros directores de Departamento fueron Roberto Leiva, Carlos Della Paolera, Mario Buschiazzo y Alberto Dodds.

[5] Para una evolución de la estructura curricular y la evolución de los planes de estudio de la FAU bajo los decanatos de De Lorenzi y Montagna, véase Longoni y Fonseca, 2010, p. 10-12.

[6] El arancel universitario fue suprimido por decreto 29.337/49 y transformado en ley en 1954. La UBA pasó de 51.000 alumnos en 1947 a 143.000 en 1955.

[7] "En el 45 éramos 100 y todo el mundo decía que era un horror, ¿Qué van a hacer 100 arquitectos?, porque lo habitual eran 20 o 30, pero el número ya venía estallando hasta llegar ese año a 100" (Borthagaray, 2012, p. 88).

sentíamos respeto" (1997, p. 23).[8] La arquitectura que se enseñaba en las cátedras de Diseño condecía con la chatura generalizada de sus titulares. Según Solsona: "en lo que respecta a Historia y las materias técnicas la situación era distinta. Particularmente en el área de estructuras la enseñanza era muy buena" (1997, p. 24). Incluso, a raíz de ello, los estudiantes reunieron peticiones para la creación de una cátedra paralela de Arquitectura de Proyecto, del último curso, a cargo de Alfredo Agostini. Según Juan Manuel Borthagaray (2012, p. 89) "en un ambiente tan cerrado como el de la facultad de aquellos años, una cátedra paralela como esa era la luz". Carlos Méndez Mosquera (2015, p. 18) recuerda la "lucha por la implantación de las ideas progresistas que nosotros descubríamos como estudiantes en la fascinante arquitectura moderna". Para aquellos jóvenes estudiantes, los profesores tenían un pensamiento "viejo, clásico y reaccionario". Según su recuerdo, en 1948 existía un "clima represivo de corte fascista… que para la clase intelectual del momento resultaba sofocante" (2015, p. 25). Su generación luchaba contra el academicismo y contra un grupo de profesores incapaces que se lamentaban de no entender nuestros proyectos "a lo Corbu o a lo Mies…".[9] Según Borthagaray, el debate arquitectónico "era bastante opaco" y los libros de la Bauhaus y Le Corbusier "eran objeto de liturgias catacumbiarias" (1997, p. 21).

En aquellos años la Facultad era un bastión de la *École des Beaux Arts*. Le Corbusier, Walter Gropius, Mies van der Rohe, Frank L. Wright, Alvar Aalto, o la arquitectura moderna brasileña,

---

[8] Los antiperonistas llamaban "flor de ceibo" a los docentes de baja calificación, era un sinónimo de vulgar. "Flor de ceibo" era una marca nacional de productos masivos de baja calidad. Solsona excluye expresamente de ese comentario al arquitecto Alfredo Casares. Sobre este último Borthagaray (1997) recuerda: "Hubo un paso fugaz de Catalano y Alfredo Casares (…), eran los referentes de una modernidad casi clandestina" (p. 21).

[9] Méndez Mosquera, 2015, p. 26.

"no eran tomados como paradigma en el discurso oficial".[10] Un buen ejemplo de la preminencia de esta tradición eran los "talleres de encierro".[11] Borthagaray recuerda:

> (…) en la materia Arquitectura en 5° año el examen fue un taller de encierro de un mes, siguiendo una tradición de EBA. Taller de encierro significa que se entra a un taller, que se cierra, en donde se da un tema y no se puede salir hasta que el tema esté desarrollado. Eso lo hacíamos 4 veces al año, pero en talleres de un día que llamábamos esquicios (del francés *esquisses*). Entrábamos a las 9 de la mañana y salíamos a las 7 y media de la tarde" (2012, p. 88).

Carlos Méndez Mosquera rememora que en esos años también aparecían nuevos arquitectos y docentes: Alfredo Casares, Eduardo Martin, Rodolfo Moller, Mauricio Raposini, Hirtz Rotzait, Gastón Breyer, Amancio Williams, y Eduardo Catalano, entre otros. Y destaca las visitas de referentes extranjeros como Zevi, Nervi o Rogers que "alimentaba nuestra fantasía y nuestro fanatismo de estudiantes ultramodernos" (Méndez Mosquera, 2015, p. 18).[12]

La primera sede de la Facultad de Arquitectura estaba ubicada en la llamada Manzana de la Luces, delimitada por las calles Perú,

---

[10] Borthagaray, 2012, p. 84. Según Borthagaray ninguno de los grandes arquitectos argentinos (a excepción de Christopherson) habían enseñado en la Escuela de Arquitectura. Tampoco "los popes de la escuela clásica", como Bustillo.

[11] Se trataba de una herramienta utilizada para evaluar y garantizar la autoría de los trabajos por parte de los alumnos. La modalidad había comenzado a implementarse en 1920, a instancias del Arq. Alberto Coni Molina y se utilizó hasta entrada la década de 1960.

[12] Para Méndez Mosquera (2015) "es la época miesiana y corbusieriana de la nueva generación de alumnos de la facultad. … Es la época de la toma de conciencia de la nueva generación –Borthagaray, Baliero, Gazzaniga, Bullrich, Molinos, Pando, Polledo, Goldemberg, Ibarlucía, Tomasov y yo mismo– de un nuevo mundo de formas" (p. 32-33).

Moreno, Alsina y Bolívar. El Aula Magna era la antigua Sala de Representantes de Buenos Aires, y las clases teóricas se repartían en aulas del primero y el segundo piso. Los talleres se daban en aulas de mayor tamaño ubicadas en lo que había sido la terraza del edificio, cubierta por una estructura tipo galpón. Los trabajos prácticos se realizaban sobre grandes y robustas mesas de madera, con capacidad para cuatro alumnos con sus respectivos tableros. Dada la baja temperatura de esas aulas en invierno se los conocía como "los talleres de Siberia"…,[13] "aquella gigantesca, mítica aula del piso más alto del edificio, llena de alumnos trabajando en aulas también gigantescas".[14] El punto de encuentro de los estudiantes era el vecino Bar Querandí, de estilo inglés *country* y mobiliario Windsor, ubicado en la esquina de Perú y Moreno, "el ágora donde se ventilaba tanta política que lo convertía en un hervidero".[15]

En aquellos primeros años los principales representantes de la segunda generación de arquitectos modernos (Williams, Álvarez, Bonet, Ferrari Hardoy, Kurchan) no estaban en la Universidad. Sólo algunos, nucleados en torno a la figura de Alfredo Casares, comenzaron a difundir las ideas del movimiento moderno. Esto motivó que muchos jóvenes estudiantes "no conformes con el atraso académico de la Facultad", comenzaran a relacionarse con "el afuera", donde encontrarían "una referencia para sus inquietudes modernas y su formación profesional".[16]

---

[13] Boggio Varela, s/f., p. 3. Al edificio de Perú 294 se sumaron los locales del Museo de Historia Natural y un viejo depósito de materiales en Moreno 569. En 1950 se alquiló un inmueble en Alsina 673.

[14] Fernández, 2022, p. 30.

[15] Borthagaray, 2012, p. 88. "Casi todo lo importante ocurrido en la Escuela, luego Facultad (…) ocurrió allí" (Borthagaray, 1997, p. 24). "Desde una de sus mesas tronaba incansablemente Horacio (Bucho) Baliero. Su vasta cultura (era más lector de Huxley y Sartre que de estática Gráfica), su irreverencia, ingenio, humor, su extraordinaria habilidad como dibujante y acuarelista seducían a muchos y alejaban a otros, blancos de sus implacables críticas" (Borthagaray, 1997, p. 24)

[16] Calderari y Marcos, 1997, p. 14.

***

También en el año 1948 se produjeron, fuera del ámbito universitario, una serie de hechos destinados a impactar en la evolución del Diseño en Argentina. Ese año tuvo lugar la muestra "Nuevas Realidades. Arte abstracto, concreto no-figurativo", en la galería Van Riel. La exposición tuvo 28 participantes e incluyó esculturas espaciales y fotografías de obras arquitectónicas.[17] Allí participaron renovadores artistas italianos entre los que se destacaba Ernesto Nathan Rogers representante de la corriente del *Bel Design*, quien había sido contactado por Jorge Ferrari Hardoy y Jorge Vivanco durante el VI CIAM, en Bridgewater[18] para colaborar en los proyectos del EPBA[19] y la Ciudad Universitaria de Tucumán.[20] En ocasión de la inauguración de la exposición Nuevas Realidades, Rogers dictó una conferencia titulada "Situación del Arte Concreto", que fue publicada en el primer número de *Ciclo*.[21]

---

[17] Blanco, 2013, p. 158-159. "La muestra plantea la no figuración y la madurez del arte concreto, contrapuesta al arte abstracto y a algunas otras manifestaciones encuadradas en la no figuración" (Méndez Mosquera, 1968).

[18] El VI Congreso Internacional de Arquitectura Moderna se realizó en septiembre de 1947, después de 10 años, en Bridgewater, Gran Bretaña, y reunió a los más importantes arquitectos del movimiento moderno, provenientes de 19 países, incluyendo a Le Corbusier y Walter Gropius.

[19] Estudios del Plan de Buenos Aires (EPBA), fue un organismo creado en 1947 por el secretario de Obras Públicas, Guillermo Borda, bajo la intendencia de Emilio Siri. Estaba conformado, entre otros, por Jorge Ferrari Hardoy, Antonio Bonet, Miguel Roca y Jorge Vivanco.

[20] Deambrosis, 2011, p. 64-65. Su principal actividad en Argentina fue un curso de Teoría de la Arquitectura en el Instituto de Arquitectura de la Universidad de Tucumán. En diciembre de 1951, en el primer número de *nueva visión* se publicó un artículo suyo sobre Max Bill.

[21] Ernesto N. Rogers, "Situación del Arte Concreto", *Ciclo* N°1, octubre-noviembre de 1948, p. 39-52.

También en 1948, Tomás Maldonado, el referente más carismático del grupo de Arte Concreto-Invención, de sólo 26 años, realizó su mítico viaje a Europa,[22] que sería fundamental para su formación y le permitiría establecer vínculos perdurables con grandes figuras del Diseño europeo de la segunda Posguerra. El viaje, cuyo relato legendario reiteraría el propio Maldonado y algunos de sus colaboradores, comenzó cuando embarcó hacia Génova con la intención de participar de la toma del poder por parte del Partido Comunista Italiano, tras el supuesto triunfo de las elecciones de 1948, lo que nunca ocurrió. En Milán contactó con el estudio BBPR[23] e importantes arquitectos italianos a quienes llegó a partir de una recomendación del italiano Ernesto N. Rogers.[24] Entre los artistas más importantes que conoció encontramos al pintor

---

[22] "Para el joven Tomás el viaje constituyó una aventura épica, o por lo menos mitificada a posteriori, y constituyó un episodio fundamental de su formación. Tanta importancia tuvo que sobre esta experiencia –y por obra de Maldonado, sus amigos y colaboradores– se estratificaron una serie de relatos y de memorias bastante coherentes entre sí, que contribuyeron a la formación de una suerte de relato legendario colectivo" (Deambrosis, 2011, 108). Uno de esos relatos corresponde a Juan Manuel Borthagaray (1997): "Era Tomás Maldonado que volvía de Italia, adonde había ido con botines de campaña, cantimplora, mochila, con raciones de subsistencia para sumarse a la huelga general revolucionaria que seguiría al indudable triunfo electoral del Partido Comunista, y a la consecuente negativa de la coalición reaccionaria derrotada a entregar el poder. Como el Partido Comunista perdió las históricas elecciones italianas del '48, Tomás estaba de vuelta en Buenos Aires, donde fue expulsado por la conducción stalinista del partido local junto a Alfredo Hlito y Ennio Iommi por plasmar obras de arte abstracto al servicio de la decadencia burguesa (…)" (p. 22).

[23] Equipo de arquitectos italianos fundado en Milán en 1932, integrado por Gian Luigi Banfi, Ludovico Barbiano di Belgiojioso, Enrico Peressutti, y Ernesto Nathan Rogers.

[24] Deambrosis, 2011, p. 108. "En Italia, Maldonado permaneció en Milán donde entró en contacto con el estudio BBPR, Bruno Munari, Pedro Dorazio, Achille Perilli, Giani Dova, Diego Peverelli, Gillo Dorfles y con el gráfico suizo Max Huber, autor del célebre afiche Sirenella, del que Maldonado trajo una copia a la Argentina, suscitando el entusiasmo de sus compañeros".

Georges Vantongerloo,[25] a Richard Lohse[26] y, fundamentalmente, al diseñador suizo Max Bill,[27] quien se transformó en un personaje clave en la trayectoria de Maldonado. A partir de entonces, Bill recibió, en Argentina y Brasil, una mayor atención que en la propia Europa.[28] Años después convocaría a Maldonado a Alemania, como profesor de la *Hochschule für Gestaltung* (HfG), habitualmente conocida como Escuela de Ulm.[29] De aquel viaje Maldonado recordará siempre que gastó sus últimos ahorros en la compra de una familia tipográfica.[30] A partir de entonces, postergó su carrera de pintor y se dedicó de lleno al Diseño Gráfico y la composición tipográfica.[31] Uno de sus primeros trabajos fue la diagramación del

---

[25] Georges Vantongerloo (1886-1965) fue un escultor, pintor abstracto, arquitecto y teórico belga, fundador del grupo De Stijl.

[26] Richard Paul Lohse (1902-1988) fue un pintor y artista gráfico suizo y uno de los principales representantes de los movimientos de arte concreto y constructivo.

[27] Max Bill (1908-1994) fue un arquitecto, pintor, diseñador suizo que estudió en la Bauhaus. Formó parte del grupo Abstracción-Creación (1932-1937), organizó la exposición *Die Gute Form* (1949) y fue el primer rector de la HfG Ulm entre 1952-1957.

[28] "(…) despierta sorpresa la cantidad de escritos de y sobre Max Bill que aparecieron en las revistas argentinas durante la década del cincuenta, un período durante el cual en las revistas europeas fueron poco frecuentes y difícilmente superaban los límites de los países de idioma alemán" (Deambrosis, 2011, p. 110).

[29] *Hochschule für Gestaltung (HfG)* (Alta Escuela de Diseño de Ulm) es considerada la sucesora de la Bauhaus. Fundada por Max Bill en 1951. Maldonado llegó a ser su Rector entre 1964 y 1966.

[30] Deambrosis, 2011, p. 119. Carlos Méndez Mosquera (2015) escribe al respecto: "Los plomos eran una familia tipográfica –el etrusco– enraizada dentro de los más puros rasgos del *groteske* suizo-alemán, inexistente en el país y que después hubo que completar con una importación directa de Nebiolo" (p. 29).

[31] "Esta experiencia resultó decisiva en la historia del movimiento, ya que no solo lo acercó mucho más a las producciones concretas europeas, sino que significó un aluvión de nuevas propuestas para el diseño. Tomás Maldonado generó alrededor de sí una gran cantidad de proyectos en relación con este tema" (Siracusano, 2014).

primer número de *Ciclo*, revista de "arte, literatura y pensamientos modernos", dirigida por Aldo Pellegrini, Enrique Pichón Riviere y Elías Piterbarg. La revista utilizó, por primera vez, esos tipos traídos por Maldonado desde Europa y puso en circulación textos y debates inéditos en Argentina, como por ejemplo la "Carta a Kolivoda", de Lázló Moholy-Nagy.[32]

En 1949, ya devenido diseñador gráfico, Tomás Maldonado recibió el encargo de diseñar el N°2 del *Boletín del CEA*,[33] cuyo comité de redacción integraban estudiantes de arquitectura como Juan Manuel Borthagaray, Gerardo Clausellas, Carlos Méndez Mosquera y "Pino" Sívori. Maldonado fue el inspirador de los contenidos que incluyeron textos de László Moholy-Nagy,[34] o una breve biografía de Max Bill en la sección "¿Quién es quién en la nueva visión?". En el N°2 del *Boletín CEA*, Maldonado publicó el primer artículo sobre diseño industrial en Argentina.[35] Al año siguiente, colaboró en la publicación de *Canon*, la revista oficial de la Facultad, dirigida por Rodolfo Moller.[36] El número 1, publicado

---

[32] En el segundo y último número de *Ciclo*, publicado en marzo-abril de 1949, Tomás Maldonado figura como el responsable tipográfico junto a Alfredo Hlito, e incluye un artículo de Max Bill: "La expresión artística de la construcción" (p. 29-34).

[33] Centro de Estudiantes de Arquitectura. Según Méndez Mosquera (1969) ese Boletín "da la oportunidad a que Maldonado exprese gráficamente el planteo de la nueva tipografía y del nuevo diseño gráfico".

[34] Lázló Moholy-Nagy (1895-1946) fue un pintor y fotógrafo húngaro, profesor de la Bauhaus (1923-1928). En 1937 se trasladó a Chicago donde fundó la *School of Design*.

[35] Tomás Maldonado, "El diseño y la vida social", *Boletín del CEA* N°2. En la misma revista aparece un texto panfletario "un arquitecto en berlina" que manifiesta el espíritu contestatario de la nueva generación. Alejandro Bustillo era el prototipo de lo reaccionario y lo arcaico, no se le perdonaba "su desapego por la modernidad y su diletantismo arquitectónico" (Méndez Mosquera, 1997; 17).

[36] *Canon* publicó solo dos números, uno en 1950 y el siguiente en 1953. "Si bien la publicación, evaluándola gráficamente, no es un ejemplo excepcional, se nota

en diciembre de 1950, era un buen compendio de la arquitectura argentina que se inicia con un artículo de Mario J. Buschiazzo y se completaba con una selección de las mejores obras de arquitectura moderna de nuestro país. Para Carlos Méndez Mosquera (1997), *Canon* muestra que "a pesar de las dificultades políticas, la Facultad iba preparando el cambio que se concretó al recobrar la Autonomía Universitaria a partir de 1955" (p. 48).

En diciembre de 1951, Tomás Maldonado, Alfredo Hlito y Carlos Méndez Mosquera publicaron, en forma casi artesanal, *nueva visión*, una publicación de apenas 14 páginas. El número siguiente se publicó 13 meses después, ampliado a 40 páginas, con un nuevo diseño de tapa, nueva sede. y ampliación del equipo editorial con el ingreso de algunos de los integrantes de *oam*, fundamentalmente Jorge Grisetti fundador de la editorial Nueva Visión, cuyo primer libro fue *Max Bill*, de Tomás Maldonado. Existe consenso en que *nueva visión* fue, desde el aspecto editorial, el mayor aporte al campo de la teoría de la arquitectura, del diseño y del diseño gráfico de aquella década. Y si bien Maldonado se fue como profesor a Ulm en 1954, la revista se siguió publicando hasta 1957 mientras sus otros fundadores, creaban las editoriales Infinito y Nueva Visión.[37] Según Blanco: la revista "se convirtió en el órgano teórico y de difusión de las ideas del arte concreto, de la nueva arquitectura y de la 'Buena Forma' (el *Good Design* o *Gute Forme*), bajo los auspicios de las concepciones de Max Bill y los concretos europeos" (2013, p. 159).[38]

---

en este primer número la intención de actualizar el diseño que se presenta con una tapa diseñada por Hirsz Rotzait, que ejemplifica la vinculación y el respeto de los arquitectos con la gráfica" (Méndez Mosquera, 1997, p. 48).

[37] Sobre *nueva visión (nv)* véase Méndez Mosquera (1969; 2015), Devalle (2007), Deambrosis (2011), Blanco (2013, p. 159-161).

[38] Blanco, 2013, p. 159.

Ese mismo grupo fundó, también en 1951, *axis*, primer estudio de Diseño Gráfico y Comunicación Visual en Argentina, cuya experiencia duró apenas hasta 1953. Más allá de lo breve de la experiencia sería muy significativo para la naciente disciplina,[39] y antecedente de Cícero Publicidad, inicialmente estudio de diseño gráfico que terminaría abarcando todo el campo de la comunicación, fundado por Carlos Méndez Mosquera y su esposa Lala, en 1954.

***

A partir de 1948 fue constante el flujo de arquitectos e ingenieros italianos llegados a la Argentina. Federico Deambrosis lo vincula con "la presencia de empresas italianas en Argentina".[40] También coincide con la llegada al decanato de la FAU del arquitecto Francisco Montagna[41] (1949-1952) quien estimuló el acercamiento con centros internacionales, la llegada de profesores invitados, e incluso algunas iniciativas modernizadoras como la publicación del *Boletín del CEA* y la revista *Canon*.[42] Uno de los más destacados fue el

---

[39] Carlos Méndez Mosquera (1997) explicaría que "los tiempos eran difíciles para desarrollar comunicación visual, nominación que resultaba ininteligible para aquellos no iniciados" (p. 10). El mismo Méndez Mosquera (1969) recuerda que aquella experiencia "nos llevó –sin quererlo– a tener que definir si éramos diseñadores gráficos o publicitarios". Aun así, contó con encargos importantes, entre los que se destaca el de Ignacio Pirovano para la gráfica de la muestra itinerante dedicada a Sesostris Vitullo.

[40] Deambrosis, 2011, p. 63.

[41] Francisco Montagna era docente desde 1931. En 1947 titular de Especificaciones y Dirección de Obras. Su obra más destacada, junto con su hermano Arturo, fue el Hotel Hermitage de Mar del Plata.

[42] Algunas de las iniciativas modernizadoras del decano Montagna no fueron continuadas por su sucesor, el arquitecto Manuel Augusto Domínguez (decano entre 1952 y 1955). Domínguez era historiador y Director del IAA y había traducido las obras de Choisy y Violet LeDuc.

mencionado Ernesto Rogers, miembros del *counsil* del CIAM, contactado por los arquitectos Ferrari Hardoy y Vivanco, quien dictó un curso de teoría de la Arquitectura en Tucumán y conferencias sobre arte concreto en Buenos Aires.[43]

A comienzos de la década de 1950 dos de los hechos más destacados para la Facultad de Arquitectura fueron las visitas de Pier Luigi Nervi[44] y Bruno Zevi.[45] Pier Luigi Nervi fue invitado en 1950 por la FAU para dictar un ciclo de conferencias.[46] Según Federico Deambrosis:

> En estas conferencias Nervi condenando el método analítico, porque significaba un freno a la imaginación, proponía conciliar ciencia y arte en la construcción tendiendo un puente entre la ingeniería y

---

[43] Sobre su presencia en Argentina ver Deambrosis, 2011, p. 65.

[44] Pier Luigi Nervi (1891-1979) Ingeniero italiano formado en la Escuela de Ingeniería Civil de la Universidad de Bolonia y graduado en 1913. Nervi enseñó como profesor de ingeniería en la Universidad de Roma entre 1946 y 1961. Es conocido por su brillantez como ingeniero estructural y su novedoso uso del hormigón armado. Es considerado uno de los máximos exponentes del movimiento de arquitectura racionalista de las décadas de 1920 y 1930. Juan Manuel Borthagaray (2003) lo califica como "(...) mago del hormigón armado y diseñador de estructuras tan audaces como bellas" (p. 84).

[45] Bruno Zevi (1918-2000) Arquitecto y crítico italiano, profesor de Historia de la Arquitectura en Venecia y difusor de la obra de Frank L. Wright en Italia. Formado en la *Graduate School of Design* de Harvard, principal defensor italiano de la arquitectura de Wright, autor del clásico *Saber ver la Arquitectura* (1948). Dos de las conferencias de Zevi de agosto de 1951 fueron publicadas bajo el título *2 conferencias*, por la FAU en 1951.

[46] Las conferencias fueron publicadas bajo el título *Lenguaje Arquitectónico* (1951, FAU). Recibió el doctorado *honoris causa* de la Universidad de Buenos Aires. Las diez Conferencias se realizaron entre el 27 de septiembre y el 3 de noviembre en la sede de la Facultad, Perú 294. Para un detalle de los contenidos del curso ver *Boletín N°4* de la Facultad de Arquitectura y Urbanismo, 15 de octubre de 1950, p. 5-6. Sobre la presencia de Nervi en Argentina ver Roberta Martinis (2012).

la arquitectura según una relación que asignaba a esta última un rol protagónico, el de cumplir a priori la síntesis generadora de la idea proyectual (2011, p. 70).[47]

Un año después, Bruno Zevi dictó conferencias en la FAU. El teórico italiano fue un empedernido buscador de nuevos lenguajes arquitectónicos que dio impulso a la arquitectura orgánica en la Argentina, y la revalorización de la obra de Frank Lloyd Wright.[48] En los años posteriores a la visita de Zevi "la obra de Frank Lloyd Wright fue un punto de referencia recurrente para algunos arquitectos jóvenes y ansiosos por experimentar medios expresivos".[49] En ese mismo sentido, Justo Solsona recuerda que la visita de Zevi "fue importante para los sostenedores de la arquitectura orgánica, ya que durante esos años él era el principal promotor a nivel internacional…" (1997, p. 25). Solsona recuerda que el debate organicismo/racionalismo fue muy fuerte y enmarcó cuestiones tanto políticas como de ideología arquitectónica:

> La adopción de una determinada arquitectura implica también, en mayor o menor grado, la de un punto de vista político. (…) Siempre fue bastante explícito que la arquitectura que podríamos llamar orgánica, de corte wrightiano en alguna medida, preocupada por una determinada relación con la Naturaleza y el paisaje, era favorecida por una línea política clara, la del Humanismo. Era una tendencia muy marcada por los grupos católicos de la Facultad. (…)

---

[47] Estas conferencias fueron publicadas en un libro bajo el título "Lenguaje arquitectónico" (Montevideo, FARQ, 1950).

[48] Deambrosis, 2011, p. 70-71. Ese año se publicó en español su libro *Saber ver la arquitectura* (Poseidón, 1951), con traducción de Cino Calcaprina y Jesús Bermejo Godoy.

[49] Deambrosis, 2011, p. 71.

La arquitectura racionalista, inspirada en parte de la producción de Le Corbusier y Mies van der Rohe... se vinculaba, también de una manera general, con posiciones más corridas hacia la izquierda, más progresistas". (1997, p. 25)

Varios de los arquitectos italianos llegados durante la posguerra coincidieron en la Escuela de Arquitectura de Tucumán (donde se formó César Pelli), que constituyó una excepción a ese clima de chatura académica que caracterizó la enseñanza de la arquitectura durante los años de la posguerra. La Escuela de Arquitectura de Tucumán había sido fundada en 1939. Hasta allí llegaron, en 1943, los arquitectos Horacio Caminos y Eduardo Sacriste. Dos años después se sumó a ellos Jorge Vivanco, quien en 1946 fue designado Director del Instituto de Arquitectura y Urbanismo (IAU). Luego se sumaron al cuerpo docente Hilario Zalba y José Alberto Le Pera[50] (ex miembros del Gripo Austral), José Galíndez, Rafael Onetto e Ideal Sánchez. En esos años fueron invitados prestigiosos arquitectos italianos como Cino Calcaprina, Luigi Piccinato, Enrico Tedeschi, pertenecientes al grupo APAO, que orientaba Bruno Zevi, y Ernesto N. Rogers.[51] Según Borthagaray "fue de una excelencia legendaria, homenajeada por César Pelli, quien dice que egresó de la mejor escuela del mundo en ese mo-

---

[50] José Alberto Le Pera (1913-1990), integrante del Grupo Austral, acompañó al decano Prebisch en la reforma del plan de estudios de la carrera de arquitectura de la UBA en 1956, donde impulsó la creación del primer Departamento de Visión y la implementación de los talleres verticales de Diseño. Acompañó a Carlos Méndez Mosquera como director ejecutivo de *summa* durante la primera etapa de la revista.

[51] Véase Deambrosis, 2011, p.72-78, Longoni y Fonseca, 2010, p. 7. El grupo APAO (Asociación Para la Arquitectura Orgánica), y cuyo órgano de difusión era *Metrón*. Los jóvenes arquitectos trabajaron en una nueva estructura curricular basada en el taller de Arquitectura como eje de la enseñanza aprendizaje.

mento. A Tucumán habían ido a dar los maestros que faltaban en Buenos Aires".[52]

***

Según Borthagaray, uno de los rasgos de aquellos años fue la propia didáctica entre los estudiantes con la formación de grupos de aprendizaje mutuos. Un ejemplo es *oam*[53] (organización de arquitectura moderna), inspirado por Horacio Baliero,[54] "que perduró más allá del claustro con nuestros primeros actos profesionales".[55] Uno de sus integrantes recordaba que el grupo era "más parecido a Bloomsbury. Sus lecturas: Bertrand Russell, los Huxley y Sartre".[56] El grupo se inspiraba en Tomás Maldonado y funcionaba

---

[52] Borthagaray, 2003, p.84-85. Para Borthagaray (1997) "La Universidad Nacional de Tucumán fue una muy fuerte apuesta geopolítica-cultural de Perón, de crear un foco en el noroeste argentino de irradiación y atracción hacia los países andinos" (p.22). Para más detalles de la experiencia de la Escuela de Arquitectura de Tucumán véase Longoni y Fonseca, 2020, p. 4-7.

[53] El grupo funcionaba en un edificio de la calle Cerrito 1371, que fue demolido por las obras de ampliación de la Avenida 9 de julio. *Oam* terminó de disolverse, en forma gradual, hacia 1957.

[54] "Bucho concibió la idea de armar un grupo (la prédica de Gropius a favor del trabajo en equipo era uno de los ruidos más fuertes del momento) con gentes de habilidades complementarias y que compartían la condición de ser sus leales amigos. Fuimos diez que acometimos la improbable empresa de fundar un Estudio comercial de arquitectura" (Borthagaray, 1997, p.24).

[55] Borthagaray, 2012, p. 88. Los integrantes de *oam* fueron Juan Manuel Borthagaray, Horacio Baliero, Francisco Bullrich, Alberto Casares Ocampo, Alicia Gazzaniga, Gerardo Clausellas, Carmen Córdoba Ituburu, Jorge Goldemberg, Jorge Grisetti y Eduardo Polledo.

[56] Bloomsbury fue un grupo de intelectuales, escritores, filósofos y artistas británicos de las primeras décadas del siglo XX que incluía desde Virginia Woolf hasta John Maynard Keynes. Borthagaray (1997) recuerda que "nosotros éramos (desde nuestra inserción todo lo bloomsburiana que podía darse en Buenos Aires), aspirantes a izquierdistas" (p. 24).

en un edificio en la esquina de Cerrito y Arroyo, al lado de la Embajada francesa. Era un *petit hotel* clásico. En el primer piso, *oam* funcionaba como estudio de arquitectura junto a la exposición de algunos muebles de su propio diseño. El Taller... era una sala de dibujo que daba a un gran jardín. En el segundo piso vivía y trabajaba Tomás Maldonado. Luego se instaló allí Jorge Grisetti para producir *nueva visión*.[57]

Según Calderari y Marcos la *oam* representó "el ala más dura del racionalismo, científico y abstracto, fue defensor y difusor de Le Corbusier, Gropius y Mies" (1997, p. 14). Sus integrantes, lectores críticos de los marxistas y los existencialistas, se identificaban como reformistas.

A comienzos de los años cincuenta la vida política de la oposición al peronismo en la Universidad estaba dividida entre Humanistas y Reformistas. En Arquitectura, reformistas y humanistas se repartían el Olimpo de los grandes maestros...".[58] Borthagaray recuerda:

> En la Facultad de la calle Perú (...) el mundo se dividía en "bolches" y "fachos". No había términos medios. (...) Esto tuvo sus reflejos en la arquitectura, y luego de la venida de Zevi el Olimpo de los maestros quedó organizado más o menos así: Le Corbusier, Gropius y Mies, todos bolches más o menos manifiestos; Wright, con la arquitectura orgánica inventada por Zevi, el faro de lo antibolche. Aalto respetado por ambos bandos (1997, p. 24).

---

[57] Solsona, 1997, p. 14. Méndez Mosquera sostiene que fue él quien buscó ese lugar para *oam* a pedido de Alberto Casares, y que allí también funcionó el proyecto *axis*. Testimonio de Maldonado, citado en Deambrosis, 2011, p. 127.

[58] Borthagaray, 2012, p. 88. "Entre los sectores confesionales "el humanismo como corriente más progresista que buscaba desprenderse de aquellos que habían protagonizado episodios oscurantistas" (Borthagaray, 2012, p. 85).

El reformismo constituía un grupo heterogéneo, integrado por radicales, socialistas, comunistas, anarquistas o trotskistas, entre otros, que reivindicaban el legado de la Reforma Universitaria de 1918. Hasta la aparición de listas humanistas, hacia 1950, los distintos grupos reformistas se enfrentaban en varias listas por el control de los centros de estudiantes y la Federación de Estudiantes de Buenos Aires (FUBA). No obstante, las listas reformistas no se embanderaban con los partidos políticos. Luego de la intervención y las derrotas de 1946 los militantes activos eran minoría y la hegemonía correspondía a los militantes comunistas. A partir de 1950, junto con el proceso de peronización de la Universidad se produjo una reactivación de la militancia universitaria y una división entre reformistas comunistas y no comunistas. Estos últimos, donde predominaban radicales y socialistas, se caracterizaban por su antiperonismo y conquistaron la conducción de la FUBA.

El Humanismo universitario surgió a comienzos de la década de 1950 entre jóvenes que provenían del catolicismo, cuyas ideas estaban orientadas por el Humanismo cristiano europeo, referenciados en Jacques Maritain[59] y Emmanuel Mounier.[60] Este grupo enfrentó a la derecha nacionalista católica (aliada al gobierno peronista) y al reformismo universitario, esencialmente laicista y anticlerical. Sus profundas diferencias con la jerarquía católica, llevó a los estudiantes humanistas a adoptar posturas independientes de la misma.[61]

---

[59] Jacques Maritain, filósofo francés (1882-1973) fue una gran influencia sobre los partidos demócrata cristianos durante la posguerra y referente de la corriente del Humanismo Cristiano. Su obra principal fue Humanismo integral (1935). Su extensa visita a la Argentina, en 1936, tuvo un gran impacto entre la primera generación de intelectuales católicos surgidos después de la Primera Guerra Mundial. Sobre Maritain ver Zanca, 2018, p. 36-37.

[60] Emmanuel Mounier, filósofo francés (1905-1950), fundador de la revista *Esprit* y de la línea de pensamiento cristiana conocida como personalismo.

[61] Sobre el movimiento humanista universitario véase Zanca (2017).

Los primeros núcleos humanistas en la UBA surgieron en la Facultad de Ingeniería, impulsados por Ludovico Ivanisseivich, los hermanos Guido y Torcuato Di Tella y Enrique Oteiza, entre otros, quienes redactaron "Humanismo y Universidad", que sentó las bases ideológicas de ese movimiento. El grupo humanista de la Facultad de Arquitectura se nucleaba entrono a la agrupación "Pedro de Montereau". El nombre era un homenaje a un maestro masón a quien se adjudica la construcción de la *Saint Chapelle*, en L'Ile de la Cité (Paris), a mediados del siglo XIII. Era un centro de estudios de una intensa actividad cultural ubicado a tres cuadras de la Facultad, en Alsina 830. Fundada por Claudio Caveri, Efrén Lastra y Guillermo Iglesias Molli "desde una cosmovisión cristiano-católica con vocación ampliamente inclusiva de toda diversidad confesional e ideológica".[62] Allí sobresalían Horacio Pando, Juan M. Llauró y Rafael Iglesia. Éste último recuerda:

> El grupo buscaba constituir un taller de Arquitectura independiente de la FAU (...) la idea de un taller de reunión para estudiantes de todos los cursos y de todas las tendencias (arquitectónicas e ideológicas) no solo buscaba crear un foro de discusión sino un lugar de encuentro amistoso. El lugar fue una vieja casa (ex casa chorizo) en la calle Alsina, colateral de la Iglesia san Juan Bautista, que el episcopado cedió a la Acción Católica con propósitos apostólicos" (...) Pronto el lugar se llenó de mesas de dibujo de procedencia desconocida. ... la facultad ya tenía una concurrencia multitudinaria y se había terminado el tiempo en el que cada alumno tenía su tablero de dibujo y su cajón.... (...) Montereau era nuestro lugar de encuentro, acogedor, lugar de charla con estudiantes de todos los cursos. (...) Había discusiones interminables, guitarreadas, conferencia y exposiciones del arte renovador que

---

[62] Boggio Varela, s/f., p. 12.

los jóvenes querían imponer… En Montereau se trataba de suplir la estulticia de muchos profesores cambiando ideas con tipo mayores que se las sabían todas. Estas reuniones entre pares suplían las deficiencias de la Facultad, que no era el lugar más simpático para reunirse (…) (Iglesia, 2014, p. 124).

Un ejemplo son los talleres extracurriculares que dictaban allí algunos docentes de la Facultad. En 1953, por ejemplo, durante el receso invernal, Horacio Pando dio un taller para sus alumnos de Introducción a la Arquitectura. Pando recuerda sobre Montereau:

(…) eso era más que la Facultad, dábamos cursos, conversábamos, discutíamos, nos peleábamos. Hicimos ahí entonces un cursito con un grupo de mis alumnos de la Facultad, una experiencia, trabajando con "estructuras manuales". La premisa era que con objetos comunes y de modo manual había que realizar "estructuras".[63]

Más allá de sus diferencias, la lucha contra el gobierno peronista acercó a humanistas con los grupos reformistas no comunistas. A comienzos de los años cincuenta la relación entre el movimiento estudiantil y el gobierno peronista había empeorado sensiblemente. En 1951 la sección especial de la Policía Federal secuestró al estudiante Mario Ernesto Bravo, militante comunista, liberado luego de tres semanas de protestas y huelgas universitarias. En 1953 comenzaron a funcionar los Cursos de Doctrina Nacional, previstos por el art. 37 de la Constitución de 1949.[64]

---

[63] Testimonio de Horacio Pando citado en Boggio Varela, s/f., p. 12.

[64] Se trataba de cursos de adoctrinamiento sobre la Doctrina Nacional (peronista) dictados en el marco del 2° Plan Quinquenal, al amparo de la ley 14.297.

Esto se relaciona con el proceso de peronización que se estaba produciendo en diversos ámbitos de la sociedad. Para entonces comenzó a ser obligatoria la afiliación al Partido Justicialista. Según Manuel Borthagaray "a fines del año '52, Álvarez nos comunicó que no podríamos ser contratados para el '53 si no nos afiliábamos al Partido Peronista" (1997, p. 26).[65] Otro elemento que exasperaba a la militancia estudiantil eran los "certificados de buena conducta", otorgados por la policía, que eran un requisito para ingresar y permanecer en las universidades.[66] Para entonces el decano Domínguez impulsó un nuevo Plan de Estudios que incluía materias de ciencias sociales.

El conflicto alcanzó su punto culminante en octubre de 1954 tras los enfrentamientos en la Facultad de Derecho entre estudiantes y policías, apoyados por militantes de la Confederación General Universitaria (CGU), brazo universitario del peronismo. La respuesta fue la expulsión de universitarios, la ilegalización de la FUA, la FUBA y la persecución de los integrantes de los Centros de Estudiantes. Cerca 250 estudiantes, de todas las tendencias fueron detenidos y enviados a la cárcel de Devoto, donde algunos permanecieron hasta 6 meses. Muchos otros se mantuvieron en la clandestinidad o se exiliaron en Uruguay, encontrando refugio en la Universidad de la República.[67]

---

[65] Borthagaray era ayudante de la cátedra paralela de Alfredo Agostini, que luego de su renuncia quedó a cargo de Raúl J. Álvarez. Álvarez le dijo que él tampoco era fanático y que la afiliación era "como un certificado de vacuna". Borthagaray no aceptó y dejó la Facultad.

[66] Califa, 2007, p. 4.

[67] Califa, 2007, p. 5.

La Edad de Oro de la Universidad (1955-1966)

> "Hasta 1955, la Facultad de Arquitectura y Urbanismo poco tenía que ver con lo que pasaba en el mundo exterior".[68]

> "No tengo ninguna duda de que, en el campo universitario, 1955 abrió, hasta su clausura con la 'noche de los bastones largos' de 1966, un período glorioso para la Universidad Argentina".[69]

El 16 de septiembre de 1955 se inició en Córdoba un movimiento revolucionario contra el presidente Perón que adoptó el nombre de "Revolución Libertadora". Una semana después, el general Eduardo Lonardi, jefe militar del alzamiento, ingresaba a Buenos Aires como Presidente Provisional. En Buenos Aires, los estudiantes de la FUBA tomaron el rectorado de la Universidad de Buenos Aires y proclaman "Nosotros somos la Universidad", desplazaron a las autoridades y, de hecho, se hicieron cargo de la Universidad. Un día después, Eduardo Lonardi asumió la presidencia y proclamó, con cierta ingenuidad, que no habría "ni vencedores ni vencidos".

Una semana después el Presidente designaba Interventor de la Universidad al historiador José Luis Romero quien encabezaba la terna que la FUBA presentó al gobierno nacional, que completaban el filósofo Vicente Fatone y el matemático Nicolás Babini. No es casual que los tres candidatos formaran parte del equipo editorial de *Imago Mundi*,[70] una publicación creada en 1953 que significó

---

[68] Borthagaray, 2003, p.83.

[69] Borthagaray, 1997, p.27.

[70] *Imago Mundi. Revista de historia de la cultura*, fue fundada en 1953 por José Luis Romero. Su staff lo integraban intelectuales de la talla de Francisco Romero, Vicente Fatone, José Babini, Roberto Giusti, Luis Aznar, E. Epstein, Alfredo Orgaz, Jorge Romero Brest, Alberto Salas y José Robira Armengol. Véase Luna, 1986, p. 138-139, Sigal, 2002, p. 43.

el punto de reunión de muchos profesores que habían salido de la Universidad en 1946 junto a representantes de las nuevas camadas de graduados. Para muchos en *Imago Mundo* "había una Universidad en las sombras, preparada para reemplazar a la otra", era el "equipo de relevo de la Universidad" (Luna, 1986, p. 141).

Poco después fueron designados los decanos interventores de las nueve facultades de la Universidad de Buenos Aires a partir de las ternas propuestas por los estudiantes. Los meses finales de 1955 fueron muy convulsionados ya que rápidamente comenzó el proceso de desperonización, similar al que estaba ocurriendo en todos los órdenes de la sociedad. Cientos de profesores fueron desplazados, acusados de complicidad con el gobierno depuesto. Fueron pocos los que sobrevivieron a la purga. Sus lugares fueron ocupados por jóvenes docentes o bien por experimentados investigadores que habían sido desplazados durante la década anterior, comenzando con el emblemático Dr. Bernardo Houssay, Premio Nobel de Medicina 1948.

En la Facultad de Arquitectura la intervención recayó en el Arq. Alberto Prebisch,[71] cuyo secretario académico fue Horacio Pando. "No eran tiempo de calma", recordaba Juan Manuel Borthagaray. Según su relato "el alumnado sin distinciones confesionales quería replantear la enseñanza desde sus cimientos, refundar la facultad y, llevado a situaciones de extremo jacobinismo, dispuso el cese de actividades y un estado de asamblea permanente con toma del decanato" (Borthagaray, 2012, p. 86). Los estudiantes, que planteaban un nuevo modelo de Universidad, afirmaban:

---

[71] Alberto Prebisch (1899-1970), fue un arquitecto vinculado a Victoria Ocampo y el grupo Sur. Considerado uno de los difusores del racionalismo europeo. Entre sus obras principales el Cine Teatro Gram Rex y el Obelisco de Buenos Aires (1936). Fue intendente de Buenos Aires durante la presidencia del José María Guido (1962-1963).

Ya no es posible que retrocedamos y el impulso con el que salimos de la dictadura hacia la libertad no cesará hasta que demos fin a la tarea de construir una universidad nueva, con alta autonomía científica y pedagógica, democrática en su pensamiento y estructura y popular en sus proyecciones sociales.[72]

En la Facultad de Arquitectura, los meses posteriores a la caída de Perón fueron un período de intensa participación estudiantil con asambleas continuas y multitudinarias que se realizaban en la vecina facultad de Ingeniería. Los estudiantes planteaban una reconversión que significaba cambio de programas, de la estructura de la carrera y el recambio en el cuerpo de profesores.[73]

En el mes de noviembre, el gobierno reincorporó, por decreto, a los docentes renunciantes o cesanteados entre 1943 y 1946, y autorizó a los decanos a examinar las renuncias y cesantías ocurridas luego de 1946.[74] Cientos de profesores fueron cesanteados acusados de "incapacidad moral", y todo el personal puesto "en comisión". Ese mes también se publicó la nueva Ley Universitaria que restablecía la autonomía, incorporaba, por primera vez, a los graduados a los Consejos Directivos, haciendo realidad el gobierno tripartito, y establecía, en sus artículos 29 a 41 el reglamento para los nuevos concursos que dejaban afuera a los adherentes de "ideologías autoritarias". Sin embargo, el debate surgió a partir del artículo 28°, el único incluido de manera inconsulta por el ministro Atilio Dell'Oro Maini. El texto expresaba: "La iniciativa privada puede crear universidades libres, que estarán capacitadas para expedir diplomas y títulos habilitantes siempre que se sometan a

---

[72] *Tribuna*, oct. 1955, p.1 en Califa, 2007, p. 8.
[73] Solsona, 1997, p. 55.
[74] Decreto 2538/1955, del 4 de noviembre de 1955. Publicado en el *Boletín Oficial* del 21 de noviembre de 1955.

las condiciones expuestas por una reglamentación que se dictará oportunamente".[75]

***

A partir de 1956 se produjeron cambios en los programas de estudio. "El eje de estos cambios podría resumirse como un alejamiento de la tradición *Beaux Arts* y un acercamiento a la Bauhaus".[76] Para estos grupos los referentes internacionales eran la Escuela de Harvard, el Instituto de Diseño de Chicago, y la Escuela de Arquitectura del Instituto Tecnológico de Illinois. En el ámbito local la facultad de Arquitectura de Tucumán donde estaban los discípulos de Le Corbusier. Así, en 1956 se incorporaron nuevas materias a la carrera, entre las que se destaca la creación de los Departamentos de Visión en la Facultad de Arquitectura de la UBA y en la Escuela de Arquitectura de Rosario, a cargo de Gastón Breyer, Alfredo LePera y Carlos Méndez Mosquera. Visión reemplazaba a las materias plásticas. Méndez Mosquera era titular de Visión III y IV cuando fundó *summa*, y recuerda que "a través de las mismas realicé una tarea teórico-práctica que incluía trabajos relacionados con el diseño gráfico, la escritura y la tipografía, enfocados básicamente como problemas metodológicos de comunicación arquitectónica, así como la vinculación –polémica– entre arquitectura en diseño industrial".[77]

En el nuevo Plan de Estudios, acorde con la necesaria actualización pedagógica y científica "se articularon talleres verticales en combinación con una fuerte formación proyectual" que se dio

---

[75] Decreto 6403/55, del 23 de diciembre de 1955, publicado en el *Boletín Oficial*, el 3 de enero de 1956.
[76] Borthagaray, 2003, p. 86-87.
[77] Méndez Mosquera, 1969.

en torno a la figura del Arq. Alfredo Ibarlucía.[78] En el campo de la Arquitectura el proceso de renovación más importante se dio en la Universidad de Rosario,[79] donde se echaron a todos los profesores de la etapa previa y se reorganizó, a instancias del Centro de Estudiantes, toda la Escuela de Arquitectura,[80] que formaba parte de la Facultad de Ciencias Exactas. El nuevo equipo, procedente mayoritariamente de Buenos Aires, fue encabezado por Jorge Ferrari Hardoy. Lo acompañó el grupo que, a iniciativa de Jorge Enrique Hardoy, había presentado un proyecto de reforma para la Universidad de Buenos Aires. Lo integraban Alfredo Ibarlucía, Juan O. Molinos y Manuel Borthagaray, en Arquitectura; Manolo Paz y Jorge Enrique Hardoy en Planeamiento; José A. Le Pera y Carlos Méndez Mosquera en Visión; Atilio Gallo en Estructuras; y Francisco Bullrich en Historia. Esta experiencia duró hasta 1958 cuando el grupo comenzó a disgregarse con el regreso de los que habían ganado los concursos que comenzaron a realizarse tras la concreción del Nuevo Estatuto de la UBA. Los concursos significaron la llegada de nuevos profesores. La tercera generación de arquitectos modernos se incorporó a la Universidad, produciendo un gran cambio en la enseñanza de la arquitectura.[81] Los sectores

---

[78] Calderari y Marcos, 1997, p. 17. Según Borthagaray, 1997, p. 27, el modelo de los talleres verticales fue tomado de la Universidad de la República, en Uruguay.

[79] Según Solsona (1997). "no se dio en Buenos Aires un proceso de renovación tan profundo como el que pudo darse en la Facultad de Arquitectura de Rosario, donde cambió radicalmente el funcionamiento de la Institución" (p. 59).

[80] Jorge Ferrari Hardoy recibió la visita de representantes del centro de estudiantes de Arquitectura, a instancias del entonces presidente de la FUA, Alberto Cignoli.

[81] Según Borthagaray (2003, p.87-88): "Se incorporaron maestros como Wladimiro Acosta, Clorindo Testa, Carlos Coire, Odilia Suárez y Alfredo Martin, mientras que los pioneros Casares, González Gandolfi y Framiñan pasaron a ser titulares. En el área de representación los muy fuertes cambios estuvieron a cargo de César Janello, Rafael Onetto, Osvaldo Moro, Hirtsz Rotzait, Gastón Breyer, Oscar Crivelli y Carlos de la Cárcova; algo más tarde se incorporaría Carlos

reformistas tendrían como referencia a Wladimiro Acosta, los humanistas a Alfredo Casares.[82]

Precisamente Casares fue elegido decano conforme al nuevo estatuto universitario. Entonces se llamaron concursos de profesores y se constituyó el Consejo Directivo. En 1958, Carlos Coire fue elegido decano de la facultad. Según Justo Solsona, el equilibrio entre las principales corrientes políticas de la facultad llevó a una reforma "de compromiso", ya que se dio en el contexto de una rivalidad y un equilibrio de fuerzas en el Consejo Directivo. Coire llegó con el apoyo del reformismo, que había ganado las primeras elecciones por escaso margen. Buscaba contemporizar, ya que no era un reformista a ultranza. Justo Solsona, se desempeñó como Secretario, impulsado por el reformismo. Su designación no fue, en un principio, del agrado del decano Coire, a quien no le gustó que le impusieran a alguien que no conocía. Esta política contemporizadora evitó "traumas y heridas" aunque frenó el impulso renovador que se daba en otras facultades de la UBA, en particular en la de Ciencias Exactas y Naturales de la mano del decano Rolando García. En el claustro de profesores, de mucho peso en esos años el equilibrio de fuerzas llevaba a una "polaridad irresuelta".[83] Según Solsona en aquellos años "hubo un intento de hacer de la facultad algo más cercano a un politécnico, más fuerte en el área tecnología, pero no cuajó" (1997, p. 60).

El crecimiento de la matrícula motivó que se abandonara el edificio de Perú y Moreno, y la Facultad se instalara en los a galpones de la exposición del Sesquicentenario, vecinos a la Facultad de

---

Méndez Mosquera. El maestro Mario Buschiazzo continuó a cargo del área de Historia, sobreviviendo por su indiscutida jerarquía a la carnicería general (…)".

[82] Calderari y Marcos, 1997, p. 15.

[83] Solsona, 1997, p. 59.

Derecho (donde luego se ubicó el Centro Municipal de Exposiciones). Según los recuerdos de Borthagaray

> Se logró un espacio convocante cuya especial configuración contribuyó mucho a darnos un espíritu de cuerpo por encima de las posiciones particulares. (…) El pabellón tenía un enorme desarrollo en planta baja, y los recintos de los talleres daban todos a un amplio corredor central, que funcionaba a manera de ágora con la cafetería en su punto medio. El encuentro entre los docentes y alumnos de las distintas cátedras era cotidiano (2003, p. 90-91).[84]

También funcionaban aulas y talleres en la calle Independencia (actual Facultad de Psicología) que se usaban para el curso de ingreso.

Según Calderari y Marcos, en la primera mitad de los años 60'

> la docencia y el ejercicio profesional convergieron, y los concursos nacionales de arquitectura fueron el terreno de verificación y contraste de los debates y la producción de los distintos talleres de la Facultad. El adentro la facultad y el afuera, la realidad profesional parecía definitivamente unidos (1997, p. 17).

Borthagaray sostiene que fue una "época de oro dentro de otra época de oro".[85] Y recuerda particularmente que los talleres de Arquitectura que se desarrollaban desde tercer año los alumnos llegaban con un alto nivel de formación dada en los dos primeros años de diseño por Alfredo Ibarlucía. Borthagaray no solo destaca

---

[84] "Ese pabellón fue reacondicionado por Rubén Tomasov… Allí Casares y de Acosta formaron una generación de profesores jóvenes de recambio" (Borthagaray, 2003, p. 90-91).

[85] Borthagaray, 1997, p. 28.

la formación de los alumnos[86] sino "de un muy numeroso equipo docente, a cuya formación y control de calidad constantes dedicó lo mejor de sí mismo, con ayuda de Ciencias de la Educación que funcionaba en Filo, y técnicas de dinámica de grupo".[87]

La Noche de los bastones largos

El 28 de junio de 1966 las Fuerzas Armadas derrocaron al gobierno constitucional de Arturo Illia. El gobierno revolucionario, ampulosamente llamado Revolución Argentina, estaba presidido por el general Juan Carlos Onganía. Uno de los postulados de los golpistas era que la Universidad era un foco de infiltración comunista y se reiteraban los pedidos de intervención que pusieran fin a la autonomía universitaria. Finalmente, Onganía firmó el decreto-ley 16.912, que intervenía las Universidades nacionales y transformaba a sus autoridades en delegados del Secretario de Justicia. En tres facultades de la Universidad de Buenos Aires: Ciencias Exactas y Naturales, Filosofía y Letras, y Arquitectura, las autoridades rechazaron la intervención y los claustros ocuparon sus instalaciones. Entonces el Jefe de la Policía Federal, general Mario Fonseca, ordenó a la Guardia de Infantería desalojarlas por la fuerza.

Carlos Méndez Mosquera, vicedecano de la Arquitectura recordaría:

(...) Estaba caminando en el *hall* principal... y se abre una puerta. Aparece un oficial de policía, y se abre otra puerta y aparecen, di-

---

[86] "Nunca vi una máquina de excelencia universitaria tan impresionante" (Borthagaray, 1997, p. 28).

[87] Borthagaray, 1997: 29.

gamos, una docena de "muñequitos" que se van poniendo allí en el fondo. Yo me acerqué, personalmente me acerqué al que parecía ser un oficial. Dije, "buenas tardes…, soy el arquitecto Méndez Mosquera, vicedecano de la facultad. ¿Qué es lo que pasa? Nunca me voy a olvidar el rostro de ese señor, … esos bigotes, que me miró, levantó el fusil y gritó: "¡Ataquen!".[88]

Justo Solsona, testigo de los hechos recuerda:

Estábamos en el *hall* de entrada de la Facultad con Horacio Pando y Carlos Méndez Mosquera, charlando tranquilamente… cuando de repente entró la Policía. Le pegaron un culatazo a Horacio Pando, que trataba de identificarse como Decano, le dieron otro golpe también a Carlos, e inmediatamente hicieron la formación de infantería y empezaron a avanzar. A partir de allí se produjo el desorden imaginable y la facultad quedó en manos de la policía. (1997, p. 63)

En los días posteriores centenares de profesores de varias facultades presentaron sus renuncias con el objetico de presionar sobre las autoridades de la intervención. En la Facultad de Arquitectura de la Universidad de Buenos Aires casi la mitad de los integrantes del cuerpo docente abandonaron sus cátedras. Al respecto, Solsona reflexiona:

Dejar la facultad fue, de todas maneras, una decisión conjunta, que la discutimos con toda la cátedra los días siguientes. Nos fuimos reuniendo por cátedras a ver qué hacíamos, hasta que finalmente se decidió una renuncia masiva. Publicamos una gran

---

[88] "La noche de los bastones largos". Documental de Canal Encuentro, minuto 1,24 a 2,23. <https://www.youtube.com/watch?v=By-V7hjVAPA&t=15s>.

solicitada en los medios firmada por todos los renunciantes a la Universidad de Buenos Aires (1997, p. 63).

Pocos días después se publicaba *summa* 5. En ese contexto, Carlos Méndez Mosquera (firmando El Editor), incluyó un texto de una página referido al "problema universitario", como respuesta a "la promulgación de la ley 16.912 y los procedimientos policiales abusivos ocurridos en distintas facultades –que en el caso particular de la facultad de Arquitectura (...)".[89] Allí rescataba los logros de las Universidades Nacionales a partir de 1956, pero también reconocía sus deficiencias. Refiriéndose a los planteos de las autoridades revolucionarias, anticipaba con claridad meridiana el futuro de la Universidad argentina:

> Pero una Universidad teóricamente neutral y apolítica, en la cual las ideas ya no puedan ser expresadas sin temor, donde la libertad de estudiar objetiva y científicamente cualquier tipo de pensamiento o sistema de ideas –hecho que constituye la esencia misma del espíritu universal de la Universidad– ya no exista, mal puede constituirse en el instrumento de cultura que el país necesita. El resultado será, por el contrario, la pérdida de muchos de trabajo fecundo que no podrán ser recuperados; el alejamiento de gran cantidad de científicos y técnicos; el deterioro de la actividad creadora; la disminución de la enseñanza a una numerosa población estudiantil que acude a las aulas universitarias en procura de los más altos niveles de capacitación en el proceso constructivo del país.[90]

Fue el final de una era para la Universidad y la cultura argentina, y el comienzo de otra más violenta y oscura.

---

[89] El Editor, "El problema universitario", *summa* N° 5.
[90] Ídem, ibidem.

Bibliografía

BLANCO, Ricardo. (2013). "La abstracción en el río de la Plata. Su incidencia en el Diseño argentino". *Anales del IAA*, 43 (2), 151-168.

BOGGIO VIDELA, Juan Manuel (s/f), "Otra pequeña historia. Facultad de Arquitectura y Urbanismo 1953 – nueva junada". En <https://www.modernabuenosaires.org/textos> revisado 10/08/2023.

BORTHAGARAY, Juan Manuel (1997), "Universidad y política, 1945-1966". *Contextos* N° 1, p. 20-29.

BORTHAGARAY, Juan Manuel (2003), "Universidad y política", en ROTUNNO, Catalina y DÍAZ de GUIJARRO, Eduardo, *La construcción de lo posible: la Universidad de Buenos Aires, 1955-1966*. Libros del Zorzal, Buenos Aires.

BORTHAGARAY, Juan Manuel (2012). Grandes maestros: Juan Manuel Borthagaray, en *Encrucijadas* N°55, noviembre de 2012, p. 84-91.

CALIFA, Juan Sebastián (2007). Los estudiantes reformistas en la UBA frente al reordenamiento universitario (1955-1957). Ponencia en las XI Jornadas Interescuelas/Departamento de Historia, Universidad de Tucumán.

CALDERARI, María y MARCOS, Martín (1997), "Fundación y refundación de la Facultad de Arquitectura y Urbanismo (1947-1966). *Contextos* N° 1, p. 12-18.

DEVALLE, Verónica (2007). "El proyecto cultural de la revista *Nueva Visión*". XI Jornadas Interescuelas/Departamentos de Historia. Departamento de Historia. Facultad de Filosofía y Letras. Universidad de Tucumán, San Miguel de Tucumán.

DEVALLE, Verónica (2016). América Latina, la otra sede de la HfG-Ulm, en *RChD: creación y pensamiento*, 1 (1), p. 53-63.

FERNÁNDEZ, Silvia (2022). *Arcanos del proyecto moderno. Lala Méndez Mosquera y Summa*. Editorial Nodal, La Plata.

IGLESIA, Rafael (2014). "Pedro de Montereau, entre la historia y el recuerdo", en *summa+* N° 138, p. 124-125.

LONGONI, René y FONSECA, Ignacio (2010), "La enseñanza de la Arquitectura y el urbanismo en el primer Gobierno Peronista". Ponencia presentada en el 2° Congreso Red de Estudios sobre el Peronismo, UNTREF.

LUNA, Félix (1986). *Conversaciones con José Luis Romero. Sobre una Argentina con Historia, Política y Democracia*. Editorial Sudamericana, Buenos Aires.

MARTINIS, Roberta (2012). "Pier Luigi Nervi in Argentina: elementi per la construzione de una fama internazionale", en G. Bianchino y D. Costi (edit.) *Cantiere Nervi. La constrzione di una identitá. Storie, geografie, paralelli*, Skira, p. 236-240.

MÉNDEZ MOSQUERA, Carlos A. (2015), *Diseño gráfico argentino del siglo XX*. Ediciones Infinito, Buenos Aires.

MÉNDEZ MOSQUERA, Carlos A. (1969). "Veinte años de diseño gráfico en Argentina, 1948-1968", en *Summa* 15, febrero de 1969. Reproducido en *Contextos* 1, p. 50-53.

SIGAL, Silvia (2002). *Intelectuales y poder en la Argentina. La década del sesenta*. Buenos Aires, Siglo Veintiuno de Argentina editores.

SIRACUSANO, Gabriela (2014). "Las artes plásticas en las décadas del 40 y del 50", en José E. BURUCÚA (dir.) *Nueva Historia Argentina, Arte, Sociedad y política*, vol II, Sudamericana.

SOLSONA, Justo (1997) *Solsona. Entrevistas. Apuntes para una autobiografía*. Ediciones Infinito, Buenos Aires.

ZANCA, José (2018). *Los humanistas universitarios. Historia y memoria (1950-1966)*. Eudeba, Buenos Aires.

2.

Cuando el editorial trasciende sus límites

Mabel Gentile
Agustina Lezcano

> El manifiesto es literatura de combate. Emergencia de una vanguardia, política, artística, social. Al tiempo que se da a conocer, enjuicia sin matices un estado de cosas presente; fingiendo describir prescribe, aparentando enunciar denuncia.
>
> Carlos Mangone-Jorge Warley[1]

En abril de 1963 se publica en Buenos Aires la revista *summa*, considerada en la actualidad una de las publicaciones especializadas que contribuyó a consolidar y legitimar el campo intelectual interdisciplinar, articulando las áreas de diseño gráfico e industrial, arquitectura y urbanismo con los avances tecnológicos y vanguardistas propios de la Modernidad y de la Modernización tanto en Argentina como en América Latina.

Este artículo analiza, a partir de variables literarias y lingüísticas, los alcances de los editoriales –llamados "Introducción" por el entonces editor y director de la revista, Arq. Carlos Méndez Mosquera– en los cuatro primeros números de la colección. El recorte se debe a que Méndez Mosquera deja la dirección de esta

---

[1] Mangone, Carlos. Warley, Jorge. (1994) "El Manifiesto. Un género entre el arte y la política". Buenos Aires. Ed. Biblos, p. 9.

publicación en 1965, meses antes de la edición del quinto número de la revista. Si bien sigue formando parte del comité editorial, es la Arq. Lala Méndez Mosquera quien asume la dirección de esta publicación hasta 1992, año en que vende la marca, aunque permanece quince años más como colaboradora ya de *summa+*.[2]

summa 1

La Introducción del primer número de la revista, en uno de sus párrafos, explica que es "más que un editorial".[3]

Por lo tanto, resulta necesario entender los límites de todo editorial para comprender en qué parámetros los supera. Es sabido que el editorial se inscribe dentro del género periodístico de opinión. Específicamente es la voz del periódico o revista como institución poniendo de manifiesto su punto de vista. Por tal motivo el editorialista escribe de manera anónima. Sin embargo, en *summa* es su director –y mentor junto a Lala Méndez Mosquera– quien asume la autoría del texto. Paxto Unzueta (2010) explica que un editorial es "un artículo en el que se ofrece un razonamiento que permite interpretar y valorar un hecho controvertido".[4] De acuerdo con esta definición un modelo clásico de editorial sería aquel en que se dieran argumentos a favor y en contra de algo, para, tras ser sopesados, conducir a una conclusión, que hace suya el periódico –en este caso la revista–. En relación con esta definición, ya

---

[2] En 1994 la revista fue comprada por Bermatov, que la reconvirtió en *summa+*. La Arq. Lala Méndez Mosquera continuó colaborando con la publicación hasta 2009.

[3] Méndez Mosquera, Carlos A. (1963), "Introducción" en *Summa* N° 1, abril: p. 11.

[4] Unzueta, Paxto (2010), *¿Qué es un editorial?* Madrid: El País.

en el primer párrafo del texto se plantea como hecho controvertido una carencia –tanto en nuestro país como en Latinoamérica– de un medio de comunicación de calidad en Arquitectura, Tecnología y Diseño. Este argumento no sólo sustenta la causa de la edición de la revista, expuesta en el párrafo siguiente con contundencia: "Esa es la razón de la aparición de *summa*", sino también genera la necesidad de su presencia en el mercado.[5] Aquí no sólo da sentido a la publicación, sino también enfatiza su función de transformarse en un agente concreto dentro del campo intelectual –entendido en términos de Pierre Bourdieu[6] (2003)– de los medios de comunicación especializados en las temáticas mencionadas. Con respecto a los argumentos que justifican la aparición de la revista, el autor hace hincapié no sólo en la interdisciplinariedad temática sino también en el "alto nivel de calidad" de la misma.[7] Esta afirmación permite inferir que, a su entender, las demás revistas de arquitectura y diseño existentes en el país no contaban con ese nivel de excelencia. En cuanto a las áreas propuestas, resulta significativo la diferenciación entre arquitectura, tecnología y diseño. A primera vista resulta comprensible diferenciar arquitectura y diseño –gráfico e industrial– pero el punto de inflexión lo aporta la tecnología dado que, obviamente, es inherente a las disciplinas mencionadas.

En el tercer párrafo, detalla el público al que va dirigida la revista, de forma decreciente desde el punto de vista semántico. Este recurso introduce otra variante significativa de este agente –la revista *summa*– dentro del campo intelectual, porque si bien es

---

[5] Méndez Mosquera, Carlos A. (1963), "Introducción" en *Summa* N° 1, abril: p. 11.

[6] Bourdieu, Pierre. (2003), "Campo de poder, campo intelectual. Itinerario de un concepto". Buenos Aires. Ed Quadrata. p. 13. Este autor define campo intelectual como un sistema de fuerzas que al surgir se oponen y se agregan, generando su estructura específica en un momento dado del tiempo, siendo los agentes estos vectores de fuerza.

[7] Méndez Mosquera, Carlos A. (1963), "Introducción" en *Summa* N° 1, abril: p. 11.

una revista especializada, al incorporar como potenciales lectores a "todos los interesados directa o indirectamente en estos temas", amplía y desafía los límites de este medio de comunicación, que por otro lado, hallarán como "propio".[8] Al especificar que *summa* será "su" medio de comunicación, da a los lectores un rol activo como agentes indirectos –a través de la revista– dentro del campo intelectual.[9] Esta inclusión o pertenencia tiene una condición común: el interés por los temas planteados. A continuación, el autor aclara otra condición: la contemporaneidad. Aquí no sólo establece límites diacrónicos de los contenidos, sino da pautas de la cosmovisión imperante en ellos, en términos de Modernidad. Claramente se intuye que no sólo el lector debe estar abierto a lo moderno, como sistema de pensamiento, sino incluso a la vanguardia, en tanto actitud adanista, fundacional.

El cuarto párrafo, expresa el objetivo de la revista: "mostrar el quehacer latinoamericano".[10] Aquí es necesario definir los alcances del término "quehacer". Según la Real Academia Española, entre sus acepciones, el término hace alusión a una actividad profesional que refiere a un compromiso concreto inherente a un oficio. Por lo tanto, corrobora la amplitud interdisciplinaria tanto de sus lectores como de sus temáticas. Sin embargo, al aclarar que se trata del quehacer latinoamericano, acota esos límites en dos sentidos: territorial y semántico. Queda claro que el compromiso radica en la difusión del oficio del diseñador arquitectónico, industrial y gráfico latinoamericano, tanto a través de sus producciones como de sus ideas disciplinares. Este argumento se define en las fases del párrafo siguiente, donde personificando la revista –a manera de todo editorial– escribe con contundencia "*summa* cree

---

[8] Ibidem.

[9] Ibidem.

[10] Ibidem.

firmemente en una Latinoamérica pensante y constructora".[11] Por lo tanto el autor expone con convicción los alcances del *standard* de calidad disciplinar aunando praxis, teoría y contexto cultural en el proceso proyectual. A continuación expresa "… una Latinoamérica que juega y jugará aún más un papel decisivo en la convivencia mundial".[12] Más allá del optimismo, se pone de manifiesto una concreta actitud cosmopolita no sólo a nivel informativo sino, fundamentalmente, como partícipe del quehacer disciplinar mundial. Claramente expone la postura global de la revista a partir de un marcado regionalismo en concordancia con el proyecto desarrollista local de Frondizi. Según lo explica Federico Deambrosis (2011)[13] el regionalismo en *summa* abarca tres parámetros: la adaptación climática, la utilización de materiales locales y de fácil obtención. Por último, una expresión arquitectónica y artística propia y autónoma.

En el sexto párrafo, el autor enfatiza, amplía y define los alcances de lo planteado en el párrafo anterior escribiendo "Además, Estados Unidos, Europa, África y Asia deben saber que existe en Latinoamérica todo un grupo de técnicos que construye un mundo futuro…". Aquí –a manera de imperativo categórico– expresa el desconocimiento por parte del mundo del "quehacer" latinoamericano, ya definido concretamente como un "grupo de técnicos".[14] Al hablar de "técnicos" da por entendido que en Latinoamérica se desarrolla esta profesión eminentemente moderna. No se trata de artesanos ni operarios, sino precisamente de una categoría contemporánea relacionada con la Bauhaus y la Escuela de Ulm. Este grupo de técnicos expresan la Modernidad en términos de modernización en arquitectura. Resulta significativo la elección del verbo

---

[11] Ibidem.

[12] Ibidem.

[13] Deambrosis, Federico (2011), *Nuevas Visiones*. Buenos Aires: Ediciones Infinito.

[14] Méndez Mosquera, Carlos A. (1963), "Introducción" en *Summa* N° 1, abril: 11.

"construir" y no "reproducir" tecnología. Esta afirmación redunda en el sentido de la revista, en términos que superan a un mero medio de comunicación. Hay revistas que se circunscriben sólo a difundir contenidos disciplinares. *summa* hace todo lo contrario, propone no sólo la divulgación de las producciones arquitectónicas y urbanas latinoamericanas sino también desarrolla una teoría crítica local a partir de posturas vanguardistas europeas – las escuelas Bauhaus y Ulm entre ellas–. En el mismo párrafo completa la idea a manera de justificación de la meta de la revista cuando expresa "Por eso pretendemos que *summa* contenga material no sólo argentino sino de toda América Latina, para poder comunicarnos entre nosotros y para mostrar al mundo la realidad latinoamericana."[15] Integra Argentina a la región a partir del proceso de modernización arquitectónica y urbana que involucra a todas las ramas del diseño y la tecnología "construyendo" el futuro en forma conjunta a fin de "mostrar" productos y procesos al resto del mundo.

En el párrafo siguiente el editorialista suaviza la contundencia de su planteo explicando que "Eso no significa que ignoremos o excluyamos material no latinoamericano; al contrario, estamos interesados en conocer todo el quehacer mundial aunque no pretendemos competir con publicaciones que ya cumplen esa difusión en forma perfecta".[16] En primer término, la revista se muestra inclusiva con la producción extranjera, pero sólo en carácter divulgativo sin pretensión de generar teoría crítica a partir de ella ni competir con publicaciones internacionales. Sin embargo, tal como lo expresa Silvia Fernández (2022)[17] la intención de *summa* radicaba en adoptar el paradigma de la Modernidad, tal como revistas

---

[15] Ibidem.

[16] Ibidem.

[17] Fernández, Silvia. (2022) *Lala. Arcanos del Proyecto Moderno. Lala Méndez Mosquera y summa*. Argentina. Ed. Nodal, p. 94.

extranjeras[18] legitimadas en el ámbito mundial. En otras palabras, equipararla con esas publicaciones de excelencia a fin de introducir ese modelo de medio de comunicación en el campo intelectual argentino.

Hasta aquí, todo lo expuesto redunda en los alcances de todo editorial de una revista especializada. Es en el octavo párrafo, donde el autor aclara el sentido del título –Introducción–. Méndez Mosquera afirma con contundencia que "Esto es, pues, más que un editorial. Es una invitación a la colaboración. Colaboración mediante la sana crítica, colaboración mediante el envío de artículos y trabajos".[19] Aquí amplía el significado del segundo párrafo donde define a *summa* como "Su" medio de comunicación, en otras palabras, el medio de comunicación del lector. Este pronombre posesivo implica que la revista es un hecho colectivo, pero acota los límites de esa colaboración a acciones concretas, ya sea el envío de trabajos, artículos e –inferimos en este primer número– posibles cartas de lectores, siempre y cuando sean realizadas desde la ética. En otras palabras, involucra y compromete al lector, lo hace partícipe no sólo desde su condición pasiva, sino también de escritor, crítico y ejecutor del oficio. Esta propuesta lleva a interrogarnos sobre el verdadero alcance de la revista en términos de interdisciplinariedad[20] y transdisciplinariedad,[21] hecho que redunda

---

[18] Las revistas mencionadas son: *Progressive Architecture*, *The Architectural Review*, *L'Architecture D'aujourd'hui*, *Forum* y los primeros números de la revista *Ulm*.

[19] Méndez Mosquera, Carlos A. (1963), "Introducción" en *Summa* N° 1, abril: p. 11.

[20] Fourez, G. Englebert-Lecompte, V. Mathy, P. (1998) "Saber sobre nuestros saberes". Argentina. Ed. Colihue. El término interdisciplinariedad en sentido amplio involucra la construcción de una representación del mundo estructurada como un problema a resolver apelando a diversas disciplinas a fin de llegar a un resultado original no dependientes de las disciplinas de origen sino del proyecto que se tiene.

[21] Fourez, G. Englebert-Lecompte, V. Mathy, P. (1998) "Saber sobre nuestros saberes". Argentina. Ed. Colihue. El término transdisciplinariedad involucra una práctica que utiliza el mismo concepto o esquema cognitivo en cuadros de referencia disciplinarios diferentes.

no sólo en su modernidad y vanguardismo en los albores de la década de 1960 latinoamericana sino también en su actualidad en el siglo XXI. Dicho de otro modo, el aporte de summa en términos interdisciplinarios ya quedó expresado en los párrafos anteriores, sin embargo el enfoque transdisciplinario del concepto "diseño" como articulador de disciplinas autónomas –incluyendo la edición de la revista como objeto de diseño– lleva *summa* a un nivel de calidad desconocido en el ámbito editorial local.

Para ampliar el alcance de lo planteado en el texto anterior, en el siguiente aclara que "*summa* está abierta a todos los aportes progresistas y actuales que signifiquen una justa utilización de los medios contemporáneos".[22] A fin de dar mayor contundencia a sus afirmaciones, personifica la revista calificando la colaboración con rigurosidad extrema. Estos aportes deben ser progresistas, es decir, de vanguardia y actuales, en otras palabras, modernos, contemporáneos. Pero sus requisitos no terminan allí. Todo lo contrario, lo moderno, por ser actual no necesariamente es bueno o utiliza recursos contemporáneos con equidad. En el décimo párrafo aclara los alcances del término "justa utilización de los recursos "en relación con la denuncia de una utilización pasatista y regresiva de los medios contemporáneos.[23] En otras palabras, quien usa un recurso o medio de comunicación anclado en el pasado, afín a la moda o superficial, no está invitado a formar parte de *summa*.

A continuación, a manera de epílogo, el autor aclara que "summa cree que existe un vasto sector que trabaja para la concreción de un mundo mejor" dando a entender un juicio de valor acerca de la construcción positiva del futuro entendida en términos de progreso científico técnico, afirmando nuevamente la adhesión a

---

[22] Méndez Mosquera, Carlos A. (1963), "Introducción" en *Summa* N° 1, abril: 11.
[23] Ibidem.

los ideales de la Modernidad.²⁴ Para finalizar, expresa una frase corta y contundente que sintetiza la misión de la revista: "summa quiere ayudar a su construcción" es decir, redunda en el carácter dinámico y colectivo de esta publicación, que supera con creces los alcances de un medio de comunicación informativo y divulgativo.²⁵ La propuesta de la revista tiene otras metas claras: educar, formar y generar teoría crítica en relación con las experiencias modernas en las áreas arquitectónicas, tecnológicas y de diseño en Latinoamérica.

En cuanto a la estructura textual resulta claro el esquema de análisis propuesto. A partir de la alternancia de párrafos cortos de una o tres líneas –reducida a una frase corta y de gran contundencia– el autor nos presenta la revista: su razón, su pretensión y su meta. Esta propuesta de los primeros cinco párrafos es escuetamente corroborada y ampliada en los siete párrafos siguientes. Dejó en claro que este texto denominado "introducción" es más que un editorial, hecho ya corroborado. Sin embargo, la profundidad de sus planteos lleva a preguntarnos si en realidad este texto no es equiparable a un Manifiesto.

Venko Kanev²⁶ (1998) al analizar los alcances de los manifiestos independentistas y vanguardistas define los rasgos de la estructura de contenidos de todo manifiesto a partir de las siguientes características: En primer término, un rasgo primordial del manifiesto es la negación y afirmación, la tesis y antítesis, la denuncia del pasado y la afirmación del futuro –idea ya planteada en el primer párrafo del texto–. En cuanto a la práctica discursiva, Kanev explica que al ser explícitos tanto el emisor como el des-

---

[24] Ibidem.

[25] Ibidem.

[26] Kanev, Venko (1998) "El manifiesto como género. Manifiestos independistas y vanguardistas" en *Revista América* N° 21: pp. 11-18.

tinatario, ambos tienen valor colectivo, siendo revolucionario su lenguaje y su sintaxis, es decir un lenguaje que busca suscitar con contundencia una nueva realidad planteada por la revista a partir de intercalar frases de diferentes longitudes –tal como sucede en *summa*–. En cuanto a la consideración del tiempo, el manifiesto unifica pasado y futuro en el presente, denunciando al primero en pos de producir el futuro a partir de una intención fuertemente crítica –idea que subyace en los alcances del concepto "construcción" de la Introducción–. Otro de los rasgos de todo manifiesto son los objetivos que, a diferencia de las metas, son más inmediatos, como la provocación, la persuasión, el debate, y la polémica, que en el caso de *summa* se plantean en el ámbito interdisciplinar local y regional a fin de generar teoría crítica. En cuanto a la actitud frente a lectores y contexto, redunda en la veracidad y seriedad de los planteos propuestos –expresados explícitamente en las palabras "sana crítica" de la Introducción–. En lo que respecta a la situación cronológica del manifiesto, estos responden directamente a su contexto histórico y contextual siendo *summa* expresión genuina de la irrupción y desarrollo local de la vanguardia arquitectónica, gráfica e industrial a nivel regional. Otra de las características relevantes del manifiesto planteadas por Kanev a partir de la etimología de la palabra, redunda en considerarlo un acto público, siendo la revista su espacio de expresión.[27] Sin embargo, a continuación explica que la realidad propuesta en todo manifiesto la trasciende en sus portadas, sus imágenes, su estructura, hasta en su publicidad –hecho más que corroborado en las páginas de *summa*–.

Méndez Mosquera tenía razón cuando escribió que su texto era más que un editorial. Su Introducción era todo un Manifiesto.

---

[27] Méndez Mosquera, Carlos A. (1963), "Introducción", en *Summa* N° 1, abril: p. 11.

summa 2

La estructura de esta Introducción es claramente tripartita. El primer segmento abarca los primeros tres párrafos de marcado carácter propositivo. El segundo se desarrolla en los cuatro párrafos siguientes caracterizados por la argumentación y exposición propias de todo ensayo. En el tercer segmento el editorialista plantea con contundencia una máxima que amplía paradójicamente en la frase siguiente.

En el primer párrafo del editorial se expresa: "En la Introducción del número anterior afirmábamos que *summa* está abierta a todos los aportes progresistas y actuales que signifiquen una justa utilización de los medios contemporáneos".[28] Este párrafo sintetiza un postulado: la proposición y el principio conceptual que rige a la revista tanto estética como éticamente. En términos de Bourdieu (2003), esta postura está determinando dentro del campo intelectual disciplinar, no sólo la inserción de *summa* como agente activo, sino sobre todo su legitimación como revista especializada en la producción progresista –es decir moderna– en los comienzos de la década de 1960 a partir de un *habitus*[29] concreto: la "justa utilización" de recursos como fundamento de su capital cultural.[30] Lo moderno –como principio estético– y lo justo –como principio ético– conjugan los modos de ver y actuar que propone *summa*. A partir de allí, en base a su capital cultural, la revista busca generar su propio capital simbólico que la sitúe como agente no sólo

---

[28] Méndez Mosquera, Carlos A. (1963), "Introducción", en *Summa* N° 2, octubre.

[29] Según la teoría sociológica de Bourdieu, el *habitus* compete a las disposiciones y esquemas de obrar, pensar y sentir asociados a la posición del agente dentro del campo.

[30] Bourdieu, Pierre. (2003) "Campo de poder, campo intelectual. Itinerario de un concepto". Buenos Aires. Ed. Quadrata, pp. 13-15.

activo sino dominante dentro del campo intelectual de los medios de comunicación especializados.

En el segundo párrafo –de sólo una línea– se afirma: "Esto encierra una meditación y una programación".[31] El autor define el carácter argumentativo de este texto, que completa con la caracterización de este número de la revista como un "ensayo" del postulado ya mencionado. Según la Real Academia Española todo ensayo es un texto donde el autor desarrolla sus ideas sin necesidad de aparato erudito que lo respalde. Su fin es argumentar un tema, a partir de un marcado carácter preliminar. En síntesis, el autor nos presenta este número de la revista como un intento introductorio y propedéutico de la producción nacional y latinoamericana, tanto arquitectónica como industrial propias del proceso de Modernización en los años sesenta.

Estos tres primeros párrafos explican el carácter argumentativo de la Introducción, donde se afirma que el postulado de la revista no es aleatorio. Todo lo contrario, *summa* es un proyecto diseñado y planificado en tanto proceso creativo, ya desde su etapa de inicio.

En los seis párrafos siguientes, se fundamenta el postulado a partir de frases simples pero contundentes, de marcado carácter coloquial conectadas por una pregunta retórica: "Pero ¿qué pasa con la arquitectura y el diseño HOY?".[32] HOY, escrito en mayúsculas, tiene una carga simbólica significativa. Implica que el llamado Movimiento Moderno arquitectónico ya ha sido superado. Tal postulado teórico lo expone en los dos párrafos anteriores que actúan como causa y fundamento de esta pregunta.

El primero de ellos, situado en cuarto lugar en la introducción, se expresa de la siguiente forma: "La arquitectura y el diseño

---

[31] Méndez Mosquera, Carlos A. (1963), "Introducción" en *Summa* N° 2, octubre.
[32] Ibidem.

industrial entran sin lugar a dudas en un período de madurez. No obstante, esa madurez no se nos muestra como un estilo definido sino como una dinámica búsqueda".[33] Aquí el autor afirma con contundencia que la arquitectura y el diseño industrial latinoamericano han llegado a un momento culminante, a una suerte de apogeo disciplinar, definido en términos de "dinámica búsqueda".[34] A primera vista puede resultar paradójico. Sin embargo, podemos inferir que se refiere a un proceso de exploración, indagación e investigación constante propio de toda actitud moderna y progresista. Esta búsqueda incesante, en evolución permanente, es planteada como la esencia de lo moderno y progresista en contraposición a un "estilo definido".[35] Con estas palabras lo moderno se opone no sólo a la determinación de un lenguaje codificado, un canon, sino también a normas y pautas proyectuales que considera caducas.

El editorialista hace explícito este planteo cuando expresa que "Los grandes maestros de la arquitectura y el diseño del siglo XX han marcado un camino, han definido nuevas formas de expresión con respecto al pasado".[36] En este fragmento el autor adhiere a los postulados modernos oponiendo "estilo" a "formas de expresión", como propio carácter progresista del proceso proyectual entendido en términos de "camino". El camino implica una senda, una manera, un modo de proceder que nos permite arribar a una meta. No sólo es dinámico, sino que siempre tiene un sentido, una dirección. Méndez Mosquera plantea que los maestros de la Modernidad dejaron un legado enorme, no sólo en términos de productos sino, sobre todo, de procesos proyectuales y de diseño;

---

[33] Ibidem.

[34] Ibidem.

[35] Ibidem.

[36] Ibidem.

ellos nos enseñaron que la clave de lo moderno está en el "cómo" se diseña. Este proceso, "camino" en términos del autor, permite al proyectista expresar de múltiples maneras los tiempos que corren. En eso radica su actualidad. No se deben imitar lenguajes definidos –estilos, en sus palabras–, dado que ellos están en relación directa con los recursos propios de su época, sino su forma de proceder: su búsqueda constante. Lo moderno es una práctica en continuo cambio y es precisamente ella, que, con los medios y recursos contemporáneos en cada momento y lugar, posibilita al proyectista proponer múltiples formas de expresión arquitectónica e industrial actuales en todo el sentido del término.

En estos dos últimos párrafos, que anteceden a la pregunta retórica ya mencionada, el autor sintetiza en pocas frases su postulado teórico disciplinar sin recurrir a referencias historiográficas. A manera de un esbozo ensayístico deja en claro lo que ha aprendido de los maestros del Movimiento Moderno.

A continuación de su interrogante, el séptimo párrafo se torna descriptivo y explicativo de los fragmentos anteriores: "Algo de esto hemos querido mostrar en este número. Trabajos cuidadosamente seleccionados muestran cómo un grupo de creadores interpretan el problema y cómo en Latinoamérica, a través de proyectos y realizaciones de ambos campos de la creación, dejan abierta la discusión. No podemos dejar de pensar que lo "fácil", lo "no arriesgado", lo "no realmente creativo" no concuerda ya con el agitado, casi febril impulso con que se mueve hoy la humanidad".[37] Este fragmento expresa varias cuestiones. En primer término, la selección cuidadosa de los trabajos amplía el significado de la meditación y programación del segundo párrafo. Luego define el "camino", es decir el proceso proyectual moderno en términos de "problema", y amplía su alcance a los proyectistas, quienes,

---

[37] Ibidem.

al transitar esta senda en búsqueda de nuevas formas de expresión arquitectónica e industrial, se convierten en creadores. En otras palabras, es un proceso proyectual creativo, donde "camino" es sinónimo de creación. El proyectista al ser creador, adquiere carácter fundacional, en otras palabras, vanguardista en sentido adanista. Para enfatizar esta idea, el autor define la Arquitectura y el Diseño Industrial como campos de creación. En base a estas ideas se puede inferir que lo expuesto en la revista no expresa soluciones unilaterales, sino todo lo contrario, abre el juego para interpretaciones, análisis y búsquedas alternativas. En definitiva, todo problema involucra al menos una discusión o cambio de ideas. Mucho más en este caso cuando la solución es entendida como creación que, en los tiempos aludidos por Méndez Mosquera como "agitados y febriles" resulta difícil y arriesgada.

El siguiente párrafo, nuevamente de sólo una línea, acelera el ritmo de lectura y la contundencia de lo expuesto pero, sobre todo, emite una máxima: "Es necesario crear nuevas formas para tiempos nuevos." Frase que explica sintéticamente en el párrafo siguiente: "Este es el camino –difícil– pero el único para poder interpretar nuestra época y quizás…para definir un nuevo estilo…".[38]

El texto termina con una aparente paradoja: por un lado define el camino moderno y progresista en términos de creación, la creación como una búsqueda dinámica, la búsqueda dinámica como madurez del oficio en oposición a un estilo definido, para terminar proponiendo la meta de este camino con el mismo vocablo –estilo– que planteó como caduco. Sin embargo, la clave se esconde en su máxima, donde el término "estilo" se asocia no ya a "formas" sino a creación. En otras palabras, deja de ser un sustantivo para transformarse en verbo, –crear–sinónimo de operatorias proyectuales innovadoras.

---

[38] Ibidem.

Quizás en esta paradoja radica la singularidad de la revista como ensayo proyectual.

summa 3

La tercera Introducción se estructura en tres segmentos de longitud y características disímiles. El primero de ellos, de tan sólo un párrafo, es de marcado carácter enunciativo. En él el autor plantea el tema del editorial más allá de informar sobre el contenido de este número. En estas líneas también propone un "balance" de las tareas realizadas en los dos números precedentes. Dice con contundencia: "Con la aparición de este tercer número de *summa*, podemos ya realizar un balance del pasado y de la tarea futura de nuestra revista".[39] Al tener en cuenta que sólo han sido editados dos números, hablar de balance, puede parecer un tanto prematuro. Sin embargo, si se considera su frecuencia de publicación hasta 1964[40] y el impacto de la revista en el campo editorial disciplinar, resulta pertinente plantearlo en esos términos, más aún cuando este texto supera los límites informativos.

Todo balance implica un punto de inflexión, un análisis comparativo de una situación dada –*summa* en este caso–, en relación con los factores intervinientes a fin de prever su evolución. Son precisamente estos factores los temas desarrollados en los párrafos siguientes. Ellos constituyen el hilo conductor del editorial que se pueden resumir en las "críticas de interés" y la "reafirmación

---

[39] Méndez Mosquera, Carlos A. (1964), "Introducción", en *Summa* N° 3, junio.
[40] *Summa* 1 se publicó en abril de 1963, el segundo número salió en octubre de 1963 y *summa* 3 se publicó en junio de 1964.

que nuestros propósitos no estaban errados".[41] Estas variables son expresadas a partir de una relación causal, que legitima como "respuesta favorable" la aparición de los dos números anteriores de *summa*.[42] Las críticas que reafirman el sentido y derrotero de la revista dan comienzo al segundo segmento del editorial que, en sus primera líneas, anticipa los dos párrafos siguientes donde contesta una "crítica de interés" de manera puntual.[43]

La primera crítica la expone en los siguientes términos: "Se nos dijo que la revista era un 'alarde gráfico', fuera de escala con la realidad argentina y latinoamericana. No estamos de acuerdo con esta crítica: adoptar la mejor técnica de comunicación gráfica no es un alarde, y la realidad argentina y latinoamericana merecen aún más que nuestra revista".[44]

En el tercer párrafo de este segundo segmento, Méndez Mosquera continúa con otra crítica explicando que: "Se nos dijo también que la aparición del número 2 nos enrolaba en una 'postura' frente al diseño arquitectónico. Nada más tremendo que no tenerla; *summa*, por lo menos en ese terreno, mantiene una posición acorde con el momento económico, político y social de hoy".[45] Resulta significativo como los alcances de esta "postura" son explicados en el último párrafo del texto a manera de síntesis y corolario del editorial. Ambos cuestionamientos no sólo fueron expuestos sino también contestados en los dos párrafos precedentes, aunque de manera general, sin ahondar en los alcances conceptuales de la realidad nacional y latinoamericana, ni de las características económicas, políticas y sociales aludidas.

---

[41] Méndez Mosquera, Carlos A. (1964), "Introducción", en *Summa* N° 3, junio.
[42] Ibidem.
[43] Ibidem.
[44] Ibidem.
[45] Ibidem.

El tercer segmento del texto refiere específicamente a *summa* 3, aunque continúa el carácter polémico de los párrafos anteriores a partir de alusiones tanto a otras críticas como conceptos desarrollados en los editoriales precedentes. Este segmento se divide en tres partes claramente diferenciadas, la primera contestataria, la segunda argumentativa y la tercera, de marcado carácter sintético, a manera de conclusión.

En la primera parte, el autor expresa que "el presente número despeja dudas con relación a un posible "partidismo cerrado": la publicación de obras de arquitectura en el Uruguay cumple con uno de los postulados de la revista –mostrar el quehacer latinoamericano[46] y revela, además, una "disidencia estilística" en las obras presentadas.[47] Resulta contundente la postura de la revista, enunciada en términos de "partidismo", pero inmediatamente aclara que no es "cerrado", es decir, abierto a postura diferentes. Si recordamos la introducción de *summa* 1, Méndez Mosquera explicaba que la revista está abierta "a todos los aportes progresistas y actuales que signifiquen una justa utilización de los medios contemporáneos".[48] Este párrafo justifica la elección de las cinco obras[49] publicadas en este número de la revista, cuya selección evidencia la idea expuesta. Al tomar en consideración estas obras, el denominador común radica en su localización, pero si bien autores y obras son disímiles, no hay dudas sobre la calidad y el nivel tanto de su diseño como su construcción.

En las líneas siguientes de este primer párrafo del tercer segmento, el editorialista escribe: "Si a ello se le agregan los artículos

---

[46] Ver Introducción *summa* número 1 en "Anexo".

[47] Ibidem.

[48] Méndez Mosquera, Carlos A. (1963), "Introducción" en *Summa* N° 1, abril: 11.

[49] Las obras elegidas son las siguientes: Casa en Carrasco, Banco de la Rca en Punta del Este, Urnario del Cementerio del Norte en Montevideo, Casa en Punta Ballena y Casa en Punta del Este.

sobre '*curtain wall*', diseño empresario y símbolo en el arte, completamos el panorama en el que se abren caminos, siempre con miras al logro de una solución de problemas contemporáneos con una adecuada técnica contemporánea".[50] Nuevamente recurre a las introducciones de los dos números anteriores. La introducción de *summa* 2 se menciona la palabra "camino" entendida en términos de "cómo" se diseña. En otras palabras, alude a la técnica en sentido amplio, desde operatorias hasta procesos proyectuales innovadores –modernos– entendidos como el gran legado de los maestros del siglo XX. Este "Como" implica no sólo la posibilidad de diferentes búsquedas creativas sino también libera al diseñador de lenguajes predeterminados. El proceso proyectual moderno, al ser entendido como problema, se transforma en cuestión interdisciplinar donde la técnica adquiere un rol relevante. Estas ideas fueron planteadas en la introducción de *summa* 1 donde el autor expresaba que "*summa* está abierta a todos los aportes progresistas y actuales que signifiquen una justa utilización de los medios contemporáneos".[51] Por lo tanto, la elección de las cinco obras arquitectónicas situadas en Uruguay son ejemplos de "caminos" diferentes donde los recursos contemporáneos fueron integrados y expresados tanto en el proceso proyectual como en la obra terminada. En segundo lugar, al incluir artículos sobre tendencias y productos modernos concretos, como el *curtain wall* y el diseño empresarial, la revista propone nuevos rumbos a desarrollar por el diseño en la modernidad.

El autor comienza el segundo párrafo del tercer segmento con la siguiente frase: "Unas palabras sobre el artículo "Una experiencia en diseño".[52] Méndez Mosquera justifica no sólo la publi-

---

[50] Méndez Mosquera, Carlos A. (1964), "Introducción" en *Summa* N° 3, junio.

[51] Méndez Mosquera, Carlos A. (1963), "Introducción" en *Summa* N° 1, abril: 11.

[52] Méndez Mosquera, Carlos A. (1964), "Introducción" en *Summa* N° 3, junio.

cación del artículo sino también su propia postura sobre el diseño empresario. Se declara interesado y partícipe de esta industria basada en la integración de técnicas modernas de comunicación entre empresa y mercado. En esta idea subyace lo expuesto en la introducción de *summa* 1 donde explica la razón de la aparición de la revista y en su doble rol de producto y objeto de diseño en el campo disciplinar de las revistas especializadas. Para enfatizar esta idea define los alcances del artículo en los siguientes términos: "Es una cabal demostración de la integración semántica que se produce en la arquitectura, la tecnología, el diseño industrial y el diseño gráfico cuando todos obedecen a un plan orgánico".[53]

Resulta significativa la elección de los conceptos "plan orgánico" para definir la articulación de significados entre cuatro campos que involucran procesos proyectuales, donde la tecnología vuelve a aparecer –igual que en la introducción de *summa* 1– en forma independiente de las tres disciplinas restantes. Aquí podemos inferir que los diseños arquitectónico, industrial y gráfico son modernos en tanto estén integrados con procesos tecnológicos de actualidad. La alusión al concepto de plan orgánico nos permite otras inferencias. Todo plan es definido en términos de "modelo sistemático de una actuación pública o privada, que se elabora anticipadamente para dirigirla y encauzarla".[54] Aquí se puede relacionar el proceso de arquitectónico, industrial o gráfico con la estrategia proyectual de sistema, moderna por excelencia en la enseñanza de la arquitectura en los primeros años de la década del sesenta donde la idea de "composición" fue reemplazada por el concepto de "organización". Pero Méndez Mosquera va más allá. Transfiere estos parámetros al diseño industrial y gráfico. En eso consiste la organicidad del sistema.

---

[53] Ibidem.
[54] Real Academia Española (2020), *Diccionario de la lengua española*.

Con respecto al último párrafo de este tercer segmento, el autor aclara con contundencia: "Nuestra postura al realizar una publicación que abarque por igual a la arquitectura, la tecnología y el diseño no es producto del azar: todos, por vías distintas, nos dirigimos a un mismo objetivo: la concreción de un mundo mejor con ciudades mejores, con viviendas mejores, con calles mejores, con plazas mejores, con transportes mejores, con objetos mejores con una comunicación comunitaria mejor".[55] En estas líneas reitera lo enunciado en la introducción del primer número donde considera la arquitectura y el diseño de manera autónoma a la tecnología. Aquí se abren varios interrogantes sobre los alcances del vocablo diseño, y luego sobre la definición de tecnología. Si volvemos al segundo párrafo de este segmento, Méndez Mosquera diferencia arquitectura, tecnología, diseño industrial y diseño gráfico, con lo que queda disipada la respuesta al primer interrogante. Con respecto a la segunda pregunta sobre los alcances del término "tecnología" resulta evidente que el autor la considera en sentido amplio. Gérard Fourez *et al.* (1997)[56] explican que la tecnología "supone la elaboración de saberes y de prácticas específicas que se sitúan más allá del saber científico. Estos saberes y prácticas específicas integran posibilidades y coacciones sociales, económicas, científicas, ambientales estéticas, legales y éticas…" Existe una clara diferencia entre la tecnología entendida en sentido amplio o restringido. En el primer caso, "designa las realizaciones tales como ellas existen en un contexto global… Este punto de vista incorpora la dimensión social (la organización necesaria para producir y utilizar esta tecnología) y la dimensión ético-cultural (los valores, las creencias

---

[55] Méndez Mosquera, Carlos A. (1964), "Introducción", en *Summa* N° 3, junio.

[56] Fourez, Gérard; Englebert Lecompte, Véronique y Mathy, Phillipe (1997), *Saber sobre nuestros saberes. Un léxico epistemológico para la enseñanza*. Buenos Aires: Ediciones Colihue.

y la creatividad) de la cual la tecnología está embebida". Por el contrario, los alcances del término tecnología en sentido restrictivo "es decir, aislado (o abstraído) de su contexto global este término nos lleva a menudo a la técnica (el objeto técnico, el oficio, los procedimientos)".[57] A partir de esta diferencia se puede inferir que las disciplinas arquitectónicas, industriales y gráficas involucran por sí mismas técnicas propias, en relación con el sentido restringido de la tecnología. En cambio, la tecnología en sentido amplio es considera por la revista de manera transversal, atravesando los campos propios disciplinares de cada uno de los tres oficios. Este rasgo distintivo redunda en la modernidad y vanguardismo de la "postura" de la revista. El autor remata la introducción con la frase "*summa, muy honestamente, tiende a ello*". No sólo es una síntesis de los argumentos esgrimidos sino también su máxima editorial.[58]

summa 4

El cuarto número de *summa* contiene la última Introducción escrita por Carlos Méndez Mosquera como editor y director general de la revista. Se trata de un texto dedicado enteramente a Le Corbusier El mismo tiene cuatro segmentos claramente diferenciados, de longitud y características distintas, cada una de las cuales tiene un sentido muy concreto.

En el primer segmento, el autor, en sólo tres líneas, expone no sólo la noticia sobre la muerte de Le Corbusier,[59] sino también, el

---

[57] Ibidem.
[58] Méndez Mosquera, Carlos A. (1964), "Introducción", en *Summa* N° 3, junio.
[59] Le Corbusier falleció el 26 de agosto de 1965 de un síncope cardíaco, mientras se bañaba en Cap Martin, Francia.

motivo del reemplazo de la Introducción –que había sido escrita para esta edición– a horas de publicarse. Resulta significativo el carácter personal de tal enunciación: "Estando en prensa la revista me enteré de la noticia. Le Corbusier había muerto. Ello me llevó a sustituir la Introducción por la presente…".[60]

En el segundo segmento, de longitud considerablemente mayor que las tres restantes, Méndez Mosquera narra en primera persona una situación personal: "Desde el viernes 27 hasta el martes 31 –fecha en que di una clase a mis alumnos de la Facultad de Arquitectura en su homenaje– me enfrasqué en su obra".[61] A continuación, describe minuciosamente en los cuatro párrafos siguientes las obras del maestro que consultó para preparar su clase. Comienza su relato con los siguientes términos: "Rodeándome de sus libros, recordé mis experiencias como alumno, influido por la potente imagen del viejo maestro. Mi escritorio estaba repleto de libros (¡cuánto escribió!), de revistas con artículos suyos y también de la colección de '*L'Espirit Nouveau*', en fin, de una cantidad abrumadora de material corbusierano…".[62] En estas líneas, con cierto aire de nostalgia, describe una imagen muy concreta: el reencuentro del discípulo con uno de sus maestros a través de su obra literaria. Hasta el momento no se declara "corbusierano" sino más bien nos habla de la "influencia" que la imagen del "viejo maestro" ejercía sobre los alumnos en general. Resulta significativo que no hace alusión a su obra, sino a la figura del maestro, a quien califica como "viejo". Este adjetivo alude a dos cuestiones. Por un lado, nos habla de respeto hacia su persona, y por otro, hace referencia a los años finales de la década

---

[60] Méndez Mosquera, Carlos A. (1965), "Introducción", en *Summa* N° 4, diciembre.

[61] Ibidem.

[62] Ibidem.

del 40 y los inicios de la siguiente en la Facultad de Arquitectura y Urbanismo de la Universidad de Buenos Aires –FAU– donde se articulaban los resabios de la enseñanza *Beaux Arts* con los postulados del Movimiento Moderno. En aquellos tiempos, cuando Méndez Mosquera era estudiante, Le Corbusier personificaba una de las Vanguardias arquitectónicas más reconocidas. Ya promediando la década del '60 podemos inferir que *summa* –a través del relato de su editor– se asume como Vanguardia, tanto a nivel editorial como de contenido.

Al describir la preparación de su clase y el material con el que se propuso estudiar al homenajeado, Méndez Mosquera recurre a la concatenación como recurso literario óptimo para enunciar, once manifestaciones artísticas corbusieranas: edificios, proyectos, urbanizaciones, muebles, cuadros, murales, esculturas, dibujos, fotos, filosofía y poesía. La acción de concatenar creaciones nos hace pensar en el carácter integral de la figura de Le Corbusier que –a los ojos del editorialista– es arquitecto, urbanista, artista, fotógrafo, pensador y poeta. Describe un hombre difícil de encasillar, un artista que no encuentra distinción entre las ramas del arte. Una figura muy cercana a la idea de creador renacentista que hace que podamos pensar a Le Corbusier como hombre distinto a los hombres "comunes" del mundo disciplinar contemporáneo, un hombre fuera de lo corriente, un verdadero maestro. La lectura y el análisis de sus obras acrecientan en Méndez Mosquera la imagen del ser humano que subyace bajo la figura del maestro.

En los tres párrafos siguientes menciona características humanas que son reveladas por obras concretas del arquitecto. En la lectura del libro "*Une Petite Maison*", la "Carta de Atenas", "Mensaje", "*Les trois Etablissements Humains*", entre otros, Le Corbusier se reveló como un ser humano bondadoso y noble. Sin embargo, en el tercer párrafo, al analizar la cabaña de veraneo define al maestro en los siguientes términos: "Más emocionante aún es el análisis de su cabaña de vacaciones y veraneo en Cap Martin; esa obra realizada por él, para él mismo, lo define con toda claridad. ¡El más grande arquitecto del mundo era feliz en su cabaña de escasos 20m²!".[63] Esta elevada descripción de la figura del arquitecto como un ser humano bondadoso, noble y feliz, hace evidente para Méndez Mosquera otra cualidad corbusierana: la austeridad.

En los últimos cuatro párrafos de este segundo segmento, el autor redunda en un juicio de valor sobre Le Corbusier como ser humano:

"Es por eso que pienso que su figura perdurará en la historia de la arquitectura, el diseño y las artes visuales".[64]
"Porque fue un hombre maravilloso que no trabajó nunca para él, sino para la comunidad".[65]
"Porque todos sus esfuerzos como creador se concentraron en lograr hacer más feliz al hombre".[66]

En estas líneas, se puede inferir un alto grado de idealización, o quizás el anhelo de ver reflejados en la persona del maestro ideales que tanto el autor como la revista persiguen en su ideario.

Sólo para citar una referencia, en la afirmación "que no trabajó nunca para él, sino para la comunidad", podemos reconocer la vocación de servicio que encuentra en Le Corbusier, así como la vocación de servicio de *summa* expresada en el primer editorial. Según Méndez Mosquera, el arquitecto representaría una manera de vivir la profesión como medio para llegar a la "concreción de un mundo mejor"; uno de los objetivos citados en las introducciones correspondientes a la primera y a la tercera edición de la revista.

---

[63] Ibidem.

[64] Ibidem.

[65] Ibidem.

[66] Ibidem.

Si relacionamos los calificativos que definen la personalidad corbusierana enunciados por el autor –bondadoso, noble, feliz, maravilloso, creador– resulta evidente la creciente concatenación de cualidades que ascienden a todo "hombre" al rango de demiurgo. Esta descripción define la apoteosis del maestro. De esta forma el autor no sólo marca la diferencia entre Le Corbusier y los demás pioneros –también maestros– del Movimiento Moderno, sino también nos permite inferir su clara tendencia disciplinar, incluso dentro del contexto de la FAU en los años '60 como parte del grupo denominado reformista.[67]

Sólo siete palabras constituyen el cuarto segmento del texto y ponen fin a la Introducción: "Le Corbusier ha muerto. ¡Viva Le Corbusier!".[68] Esta frase hace alusión a la expresión francesa "El Rey ha muerto ¡Viva el Rey!" que era utilizada desde el siglo XV para anunciar la muerte de un Rey y la proclamación de su sucesor.[69] Hecho que también implica el cierre de un ciclo y el comienzo de otro que se vislumbra diferente. El uso de este lema por parte del editor para referirse al arquitecto culmina y define el sentido del texto: ser un homenaje. Según lo escrito, Le Corbusier fue, según Méndez Mosquera, el "Rey de los Arquitectos".

Si retomamos la introducción desde el inicio se puede afirmar en una primera instancia que, para el editorialista, Le Corbusier es Rey, ya sea por ser un profesional integral, un demiurgo, un hombre maravilloso que dedicó su profesión al trabajo por la comunidad, por ser "el más grande arquitecto del mundo", o probablemente por todas estas cualidades juntas. Sin embargo, si

---

[67] Ver Capítulo 1.
[68] Méndez Mosquera, Carlos A. (1965), "Introducción", en *Summa* N° 4, diciembre.
[69] Rodríguez, José Luis Martín (1991), "El Rey ha muerto, ¡Viva el Rey!", en *Hispania: Revista española de Historia*, 5-39.

volvemos a las referencias históricas de la frase podemos relacionar este lema con la frase "*primus inter pares*" que era utilizada en la Roma Antigua para referirse al "primero entre sus pares" en hablar dentro de la política romana haciendo referencia a su emperador o la persona de mayor autoridad dentro del gobierno. Le Corbusier es, entre sus pares, es decir, entre los pioneros del Movimiento Moderno europeo, no sólo el primero en hablar, sino también el primero que habló, publicó, viajó y se hizo conocer en el ámbito disciplinar europeo y latinoamericano con más prontitud, asiduidad y ahínco.

Esta Introducción, a manera de despedida a Le Corbusier es también un manifiesto. Proclama a Le Corbusier como el "Rey de los Modernos" al mismo tiempo que su muerte define la clausura de un ciclo, el de los maestros de ese movimiento.

Por el contrario, en la década del sesenta anuncia y consolida la vigencia de los valores modernos con los que fue enunciada la primera editorial: la vanguardia en el diseño moderno –en sentido integral– al servicio de la concreción de un mundo mejor.

Volviendo al uso histórico de la frase francesa original que consistía en anunciar la muerte de un rey y proclamar la llegada de su sucesor, podemos inferir que Le Corbusier ya tiene su sucesor, que o quien obviamente debe ser su discípulo o en algún sentido seguir sus pasos: ser noble, trabajar para la comunidad, ser pionero, ser creador –quizás creativo en términos modernos– e integrar el diseño en todas las disciplinas: por ejemplo la arquitectura y el urbanismo con la gráfica y la industria articulados transversalmente por la tecnología entendida en sentido amplio –tal como fue definida en las introducciones anteriores–. Sin duda estos parámetros son propios de toda actitud vanguardista, camino legado por los maestros y eminentemente contemporánea.

Si releemos la Introducción del primer número de *summa*, podemos identificar estas características dentro de los objetivos de la revista a través de las palabras de su editor-creador, Carlos Méndez Mosquera. Por lo tanto, no es descabellado entender la frase final como un Manifiesto: el sucesor de Le Corbusier puede ser *summa*. Al menos, ése parece ser su anhelo.

¡Le Corbusier ha muerto! Sí, pero sólo físicamente. De ahora en más pasó a formar parte del Panteón de los Maestros de la Arquitectura Moderna. Ya entró en terrenos míticos.

¡Viva Le Corbusier! Si, su legado sigue vivo en sus sucesores, *summa*, entre ellos.

Teniendo en cuenta que este texto es la cuarta y última Introducción escrita por Carlos Méndez Mosquera, creador de *summa*, antes de desvincularse de la edición y dirección de la revista, también implica el cierre de un ciclo. El ciclo de su mentor. Por lo tanto, estas dos últimas líneas no sólo están despidiendo al maestro de la arquitectura moderna, sino también al maestro del diseño gráfico local –Carlos Méndez Mosquera– quien abrió caminos de vanguardia en el campo disciplinar de las revistas especializadas locales.

Comparaciones

A manera de primera aproximación a las Introducciones en los primeros cuatro números de *summa*, resultan evidentes ciertas coincidencias en relación con los recursos léxicos, gramaticales y compositivos: longitudes de texto similares, párrafos irregulares, sucesión de frases y oraciones cortas y largas que, excepto la primera, todas las demás remiten unas a las otras, preguntas retóricas y núcleos temáticos comunes, son algunas de ellas. Estas características dan unidad formal al conjunto. Sin embargo, estos cuatro textos también conforman una unidad semántica, a pesar de que el cuarto de ellos fue reemplazado a horas de su edición, a causa del fallecimiento de Le Corbusier. Por tal motivo esa introducción se plantea también como un homenaje al maestro.

Los cuatro editoriales constituyen todo un Manifiesto, pero, ¿en qué sentido? Si bien ya hemos considerado algunas características de los manifiestos, Mangone y Warley (1994) amplían su significado. En primer término, definen un manifiesto como "un escrito en el que se hace pública una declaración de doctrina o propósito de carácter general o más específico", para luego plantear que es un género discursivo entre el arte y la política. Los autores aclaran que los géneros discursivos, tanto simples como complejos, son "tipos relativamente estables de enunciados".[70] Los manifiestos son géneros discursivos complejos por ser escritos, e inherentes al mundo social y cultural desarrollado.

En cada género discursivo se ponen en juego tres parámetros: los estilos lingüísticos propios del género –científico, periodístico, literario–, la creación individual y el carácter normativo relacionado con usos sociales concretos. Esta definición de género discursivo está avalada por la teoría del enunciado, entendido como "la unidad real de la comunicación discursiva".[71] En primer término, los autores explican que una frase o una oración se transforma en enunciado cuando lo descripto o narrado expresa un fuerte carácter valorativo e ideológico –hecho más que corroborado en las introducciones de *summa*– para luego expresar que "más allá de su conclusividad temática y de la particular organización de los elementos morfológicos, sintácticos y semánticos que pueden caracterizarlos, sólo se completan por la orientación hacia un destinatario…".[72] En otras palabras, todo enunciado involucra al receptor, por lo tanto otorga

---

[70] Mangone, Carlos y Warley, Jorge (1994), *El manifiesto. Un género entre el arte y la política*. Buenos Aires: Biblos.

[71] Ibidem.

[72] Ibidem.

al texto una marcada matriz dialéctica, donde los recursos lingüísticos no son neutrales, todo lo contrario, están en relación directa con las estrategias del escritor como productor de sentido textual y su relación con un contexto cultural más amplio.

Ahora bien, si los manifiestos son géneros discursivos constituidos por enunciados, en un primer momento el sentido político y artístico reside en el hecho de ser públicos, contestatarios y vanguardistas dado que, según los autores, los manifiestos son "discursos que son recibidos por una época determinada como emergentes simbólicos de prácticas sociales, y que en la modernidad toman la forma de un discurso específico de la vanguardia".[73]

Si consideramos las Introducciones en los cuatro primeros números de *summa*, no cabe duda que constituyen un manifiesto, tanto en conjunto como por separado. Hemos analizado los distintos párrafos que, a la manera de enunciados, conformaron un género discursivo disciplinar y periodístico propio. Las introducciones, más allá de ser públicas, son marcadamente contestatarias y vanguardistas en sentido amplio, tanto por contenido como por representación, como objeto cultural en sí mismo. Estas características cuestionan el contexto cultural de la década del sesenta en varios sentidos. Al tener en cuenta que todo manifiesto es un discurso entre el arte y la política, cabe preguntarse cuál fue la esfera artística y política en la que se inserta la revista.

El proyecto cultural

Toda introducción es parte inicial de un todo. Por lo tanto, resulta claro que está incluída en una primera estructura que le da

---

[73] Ibidem.

significado, en este caso, la revista. Pero si ampliamos este contexto inmediato a la esfera de acción del Arq. Méndez Mosquera, Cícero Publicidad, Ediciones Infinito, Docencia universitaria en la materia Visión y revista *summa* forman parte de un Proyecto Cultural concreto donde se articulan como piezas de un rompecabezas que sólo adquieren sentido pleno cuando se consideran en conjunto. Se trata de un Proyecto Cultural en concordancia con un contexto de modernización definido por Verónica Devalle (2009) como "apertura del mercado internacional de bienes culturales, y el desarrollo paralelo del sector de servicios en la economía".[74] En una entrevista con la autora, Méndez Mosquera explica que "Hace cincuenta años fui el inventor de una agencia de Publicidad distinta que se llamó Cícero Publicidad, y de una editorial distinta que se llamó Ediciones Infinito. Ambas estructuras estaban, digamos, ocupando huecos en el mercado, vacíos…".[75]

Si consideramos la agencia, la editorial, la docencia y la revista como expresiones de un mismo proyecto alrededor de una cultura visual moderna, podemos inferir que el Proyecto cultural de Méndez Mosquera no sólo fue la modernización cultural argentina sino, sobre todo, su apertura, desarrollo e integración global en base a posicionarse como agente del campo disciplinar local. Estas ideas están planteadas en sus introducciones a partir de los recursos formales y efectos discursivos vanguardistas ya analizados. Estos cuatro textos encierran una paradoja: constituyen un Manifiesto de todo su proyecto cultural, sin dejar de ser sólo Introducciones al contenido de la revista. Sin embargo, tanto por separado como en conjunto, sólo de la revista o como parte de un proyecto cultural más amplio, son emergentes simbólicos de prácticas sociales pro-

---

[74] Devalle, Verónica (2009), *La travesía de la forma. Emergencia y consolidación del diseño gráfico (1948-1984)*. Buenos Aires: Paidós, p. 235.

[75] Ibidem.

pias de la modernidad. Es decir, son discursos de vanguardia que legitimaron la revista como agente y actor de un campo intelectual que a partir de allí será escenario de disputa.

Por tanto, las introducciones de *summa* expresan la Vanguardia –en su vertiente artística– no sólo por su contenido, es decir por considerar la Tecnología, el Diseño Industrial y el Diseño Gráfico como disciplinas autónomas, sino también por ser, en sí mismas, objetos de diseño gráfico moderno, al igual que la totalidad de la revista. Su arquitectura editorial es de avanzada para la época. En cuanto al aspecto vanguardista en su vertiente política, estos textos, no sólo se presentan como contestatarios frente a críticas concretas, sino también remiten a otra de las esferas del proyecto cultural moderno de Méndez Mosquera en relación con su desempeño académico en FAU, siendo uno de los representantes de la corriente reformista en el claustro docente.[76] Por lo tanto, su aspecto político es netamente coyuntural.

Por su parte, Deambrosis (2011) explica que en la década del 60 en el ámbito local fue significativo el proyecto cultural "destinado a modernizar la cultura argentina y a introducirla en el debate internacional, en la afirmación del arte y de la arquitectura moderna"[77] en varias esferas de actuación –las revistas entre ellas– donde *summa* ocupa un lugar destacado.

Si comparamos un aspecto concreto –por ejemplo, la publicidad– en las revistas especializadas que comparten con *summa* el campo disciplinar[78] tanto como objeto de diseño como contenido,

---

[76] Carlos Méndez Mosquera se desempeñó como vicedecano de la Facultad de Arquitectura y Urbanismo de la Universidad de Buenos Aires en 1966 representando al sector reformista durante el decanato de Horacio Pando.

[77] Deambrosis, Federico. (2011) *Nuevas Visiones*. Ediciones Infinito, p. 22.

[78] *Revista Nuestra Arquitectura* y Publicación de la Sociedad Central de Arquitectos (SCA).

Méndez Mosquera expresa claramente: "La publicidad de aquel entonces era realmente lamentable, antigua, decaída…".[79] Por lo tanto, la publicidad de la revista no queda exenta de vanguardismo, sentando las bases del diseño gráfico argentino, no sólo a través de sus artículos y publicación de productos, sino siendo ella misma ejemplo de lo enunciado.

Conclusiones

Llegados a este punto cabe esbozar un primer juicio de valor sobre el significado de *summa* en el mundo académico y editorial argentino en los años sesenta en base a lo planteado en sus introducciones. Para ello partimos de la pregunta acerca de qué propuso *summa* a principios de la década del 60 que no se haya propuesto con anterioridad en revistas equivalentes en el campo editorial. A manera de primera aproximación la respuesta redunda no sólo en su condición vanguardista en relación con los contenidos y su arquitectura editorial –en tanto objeto de diseño– sino fundamentalmente por ser pionera como agente legitimador del paradigma de la modernidad en el campo intelectual de los medios de comunicación especializados local. La revista introduce la Tecnología, el Diseño Gráfico e Industrial como disciplinas autónomas, al mismo tiempo que las articula –a partir de un área tan inclusiva como lo es el "diseño"– sin perder cada una su especificidad. Sumado a esto, *summa* en sí misma es un producto industrial donde los contenidos –modernos por excelencia– se expresan a partir de una gráfica y edición vanguardista como resultado de una actitud coherente y consecuente con el

---

[79] Devalle, Verónica (2009), *La travesía de la forma. Emergencia y consolidación del diseño gráfico (1948-1984).* Buenos Aires: Paidós, p. 235.

Proyecto Cultural de su mentor. Cada introducción es un fragmento que, a manera de una mónada, no sólo nos remite a este proyecto como hecho cultural total, sino también al construir relaciones entre forma y contenido en los cuatro componentes del Proyecto –editorial, agencia, docencia y revista– construye conocimiento poli disciplinar sin perder su autonomía. Otra diferencia significativa involucra a las mismas introducciones en tanto editoriales, ya que la revista *Nuestra Arquitectura* y el *Boletín de la SCA* en esos años no tenían introducciones o editoriales descriptivos ni enunciativos.

Estas introducciones, al ser enunciados –en tanto género discursivo propio del manifiesto– expresan hecho y acción, es decir, son enunciados que denuncian tal como lo definen Mangone y Warley en la cita que encabeza este artículo. *summa*, en esta enunciación, define su destino, al menos en esta primera etapa.

Hoy, sin dejar de ser manifiestos, adquieren dimensión indiciaria acerca del rol crítico y disruptivo que ejerció esta revista en el contexto cultural regional.

Bibliografía

BOURDIEU, Pierre. (2003), "Campo de poder, campo intelectual. Itinerario de un concepto". Buenos Aires. Ed Quadrata.

DEAMBROSIS, Federico (2011), *Nuevas Visiones. Revistas, editoriales, arquitectura y arte en la Argentina de los años cincuenta*. Buenos Aires: Ediciones Infinito.

DEVALLE, Verónica (2009), *La travesía de la forma. Emergencia y consolidación del diseño gráfico (1948-1984)*. Buenos Aires: Paidós, p. 235.

FOUREZ, Gérard; ENGLEBERT LECOMPTE, Véronique y MATHY, Phillipe (1997), *Saber sobre nuestros saberes. Un léxico epistemológico para la enseñanza*. Buenos Aires: Ediciones Colihue.

KANEV, Venko (1998) "El manifiesto como género. Manifiestos independistas y vanguardistas" en *Revista América: Cahiers du Criccal.* N° 21. *Polémiques et manifiestes aux XIX et XX siecles en Amerique Latine*: 11-18.

MANGONE, Carlos y WARLEY, Jorge (1994), *El manifiesto. Un género entre el arte y la política.* Buenos Aires: Biblos

MARÍN, Francisco M. (1990), *El comentario lingüístico. Metodología y Práctica.* Madrid: Cátedra.

MÉNDEZ MOSQUERA, Carlos A. (1963), "Introducción" en *Summa* N° 1, abril: 11.

MÉNDEZ MOSQUERA, Carlos A. (1963), "Introducción" en *Summa* N° 2, octubre: xx.

MÉNDEZ MOSQUERA, Carlos A. (1964), "Introducción" en *Summa* N° 3, junio: xx.

MÉNDEZ MOSQUERA, Carlos A. (1965), "Introducción" en *Summa* N° 4, diciembre: xx.

RODRÍGUEZ, José Luis Martín (1991), "El Rey ha muerto, ¡Viva el Rey!" en *Hispania: Revista española de Historia*: 5-39.

UNZUETA, Paxto (2010), *¿Qué es un editorial?* Madrid: El País.

3.

La portada
como objeto de diseño

Mabel Gentile

> ¿No dará la nueva fisonomía nuevas entendederas y se podrá entrar en los complejos de la vida moderna con más dominio de su sentido?
>
> Ramón Gómez de la Serna[1]

Al observar con detenimiento los primeros números de la revista *summa* –tanto su portada como su contenido entendido en términos de propuesta editorial y publicitaria– resulta evidente su excelencia como objeto de diseño.

Este artículo analiza el diseño de la tapa del primer ejemplar de la colección desde aproximaciones iconográficas e iconológicas.[2]

---

[1] Gómez de la Serna (1968, p.119).

[2] La iconografía constituye el primer nivel de análisis del método iconológico. Este método establece conexiones entre la historia del arte, entendida como historia de las imágenes y documentos orales o escritos de los contextos culturales de las mismas. Erwin Panofsky –discípulo de Aby Warburg– fue el gran sistematizador de este método. El nivel iconográfico –expresivo y convencional– parte de los elementos plásticos de la imagen (morfológicos, escalares, etc.) para llega a un primer nivel de interpretación contemporánea a la obra, mientras que el nivel iconológico –partiendo de los significados arrojados por el análisis iconográfico– llega a una significación intrínseca de la misma en la actualidad.

En el primer nivel de análisis se aborda la diagramación de la portada en base a los criterios básicos del diseño gráfico. Por su parte, el nivel iconológico de abordaje, entendido en términos de significación intrínseca, considera por separado la tipografía como figura y el color como fondo, a fin de inferir significados alternativos de la revista en términos de valoración gráfica.

El diseñador

En el período que abarca desde el número inaugural en abril de 1963 al cuarto ejemplar de la revista de diciembre de 1965,[3] las tapas fueron diseñadas íntegramente por Carlos Méndez Mosquera.[4] Por su parte, Lala Méndez Mosquera tuvo a su cargo el interior de la publicación, tanto la grilla como la tipografía.[5]

El matrimonio Méndez Mosquera era asiduo lector de revistas especializadas en arquitectura y diseño tanto nacionales como extranjeras. Una de ellas –Ulm–[6] bajo la dirección de Tomás Maldo-

---

[3] Los primeros números de *summa* tuvieron una periodicidad inestable. El primer número salió en abril de 1963, el segundo en octubre del mismo año, el tercer número de la revista se publicó en junio de 1964 y el cuarto número salió en diciembre de 1965. *summa* 5, ya bajo la dirección de Lala Méndez Mosquera, se publicó en julio de 1966.

[4] Fernández (2022) explica detalladamente los derroteros de *summa* desde sus inicios en abril de 1963 hasta su última edición en junio de 1992, a partir de la experiencia de Lala Méndez Mosquera, quien fue cofundadora de la revista y esposa de Carlos Méndez Mosquera, primer director y editor de *summa*.

[5] Según Fernández (2022, p. 100), Sara Torossian y Rubén Fontana colaboraron con la diagramación editorial con algunas publicidades respectivamente.

[6] La revista *Ulm School for Design*, fue una publicación editada por la *Hochschule für Gestaltung* de Ulm entre 1958 y 1968, en 14 entregas que compilaban 21 números. Todas las ediciones de *Ulm* pueden encontrarse en <https://cuadernodelcopiloto.com/post/124318501206>.

nado, fue lanzada al mercado como medio de comunicación con el propósito de convertirse en escenario de reflexión crítica sobre aspectos de diseño, culturales, tecnológicos, sociopolíticos y artísticos. Si bien no es posible establecer si esta publicación alemana influyó en la creación de *summa*, resulta innegable la filiación editorial entre ambas ediciones. Sin embargo, el diseño de la tapa de los primeros números de *summa* fue singular.

En la década de 1960 la experiencia de Carlos Méndez Mosquera en el campo de la arquitectura, el diseño gráfico y la docencia universitaria[7] lo posicionaron como uno de los pioneros en el campo de la gráfica moderna. En 1951 se funda Axis –primer estudio argentino de diseño gráfico y comunicación visual– cuyos integrantes fueron Tomás Maldonado, Alfredo Hlito y Carlos Méndez Mosquera. Si bien la duración de este estudio fue efímera –sólo dos años–, sus integrantes quedaron en contacto de allí en más. De hecho, Méndez Mosquera y Maldonado se conocían desde 1947 a través del Centro de Estudiantes de la Facultad de Arquitectura de Buenos Aires, donde el primero, junto a Juan Manuel Borthagaray, Pino Sívori y Gerardo Clusellas integraban el comité de redacción del *Boletín del Centro de Estudiantes de Arquitectura*. Paralelamente a la fundación de Axis, Méndez Mosquera se desempeñó como secretario de redacción de la revista *nv (Nueva Visión)*,[8] dirigida por Maldonado. Tres años más tarde, luego de

---

[7] Carlos Méndez Mosquera integró el grupo de Arquitectura HARPA, fundó Ediciones Infinito y Cícero publicidad –junto a Hardoy y Rey Pastor–. Además, fue Profesor Titular de la materia Visión –creada junto con Gastón Breyer, César Jannello, José Le Pera y otros, en la Facultad de Arquitectura del Litoral.

[8] *Nv (Nueva Visión)* fue una revista de cultura visual argentina cuyo objetivo fue propiciar la síntesis de todas las artes de manera objetiva y funcional, en clara concordancia con el arte concreto. El primer número fue publicado en 1951 bajo la dirección de Tomás Maldonado. Sobre *nv* véase Deambrosis (2011).

regresar de un extenso viaje por Europa, fundó Ediciones infinito y Cícero publicidad junto a sus socios del grupo Harpa.[9]

El diseño

Silvia Fernández (2022) titula "*summa* la blanca" uno de los capítulos de su libro, en alusión a cómo la llamaban sus contemporáneos en referencia a las portadas de tipografía en color sobre fondo completamente blanco. En el caso del primer número las letras son negras, en claro contraste con el fondo. Según palabras de la autora "la palabra *summa*, ocupando toda la caja, dispuesta de manera vertical desde el eje central hacia la derecha con sentido de lectura a derecha sobre fondo blanco, es imponente".[10]

El diseño de la portada desde el primero al noveno número se mantuvo constante, aunque con inversión cromática. Las primeras cuatro ediciones cuentan con tipografía en color[11] sobre fondo blanco y, por el contrario, desde el quinto al noveno ejemplar la tipografía es blanca sobre fondo de color. Mario Guidoux Gonzaga y Rodrigo Steiner Leaes (2016) consideran que estos nueve números conforman la primera de las cinco fases en el diseño gráfico de las portadas de *summa* entre 1963 y 1992, caracterizada por la ausencia de imágenes.[12]

---

[9] El grupo Harpa fue conformado en 1954 por los arquitectos Leonardo Aizemberg, Eduardo Aubone, Jorge E. Hardoy, José A. Rey Pastor y Carlos Méndez Mosquera con el objetivo de diseñar arquitectura y mobiliario.

[10] Fernández, Silvia (2022, p. 100).

[11] Las portadas de los cuatro primeros números presentan tipografías en negro, amarillo, verde y azul respectivamente.

[12] En total, se editaron 300 ejemplares del mismo formato –23×30 cm– pero de distinto diseño editorial en su tapa.

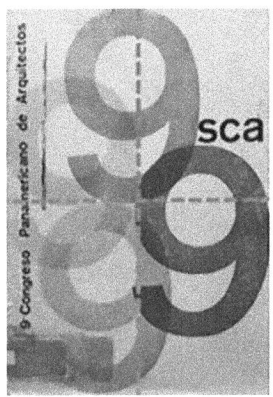 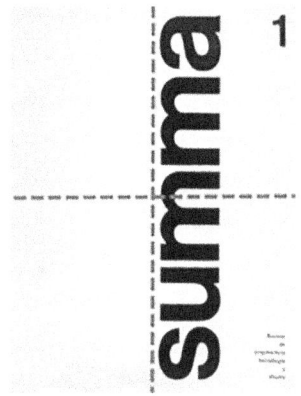

Figura 1

Méndez Mosquera (2015) no explicó el motivo por el que eligió el blanco para la portada, sólo comentó que "(…) el concepto de la revista, el logotipo, es este eje vertical, la cartulina ilustración brillante, la tinta mate, el número 1, que es un poco el heredero de la síntesis de la marca. Hoy en día esto es casi aburrido" (p. 85). En 1958 había diseñado la tapa del libro del 9° Congreso Panamericano de Arquitectos de la Sociedad Central de Arquitectos (SCA),[13] donde destaca la repetición de números, una sigla y epígrafes a la manera de logotipos –figuras– sobre el fondo blanco. Dada la escala de estas tipografías devenidas figuras, el fondo acromático pierde protagonismo. Sin embargo, si comparamos ambas tapas –la del libro y la de *summa*– (Fig. 1) se puede considerar a la primera como antecedente y predecesora de la segunda. De acuerdo con los principios básicos del diseño gráfico –el énfasis o punto focal, el balance o equilibrio, el ritmo o movimiento, la proporción o escala, la unidad o armonía y la simplicidad– resulta evidente la evolu-

---

[13] Comité Argentino de la SCA. (1958) 9° Congreso Panamericano de Arquitectos. Caracas/Venezuela. Argentina. Ediciones de la SCA.

ción entre una y otra. El punto focal, entendido como jerarquía visual para captar la atención del lector, en ambas publicaciones recayó en la tipografía cobrando protagonismo visual por color, diagramación y tamaño. No obstante, las diferencias son notorias.

En la tapa del libro de la SCA, el número 9 se conformó en punto focal del diseño a partir de tres características: el tamaño –estableciendo la escala máxima de la portada–, la repetición y la superposición sobre el eje medio vertical del plano. Es significativa la utilización de una escala tonal en los cuatro números a fin de dar mayor peso visual al nueve situado casi en la mitad de ambos cuadrantes derechos. Este aparente desequilibrio del número más oscuro por desplazamiento hacia el cuadrante inferior es compensado con la sigla de la entidad organizadora del evento –SCA–, en negro y en el cuadrante superior derecho. Es evidente la intensidad tonal hacia los cuadrantes derechos, en concordancia con la dirección de lectura. El zigzag producido por la superposición de las figuras –los números nueve– dan dinamismo a la composición. Por el contrario, en *summa* la uniforme tipografía en vertical de su nombre –convertida en logotipo que expresa el concepto de la revista según su diseñador– acapara toda la atención del lector dando al punto focal una marcada linealidad. En ella hubo una categórica simplificación y síntesis para generar mayor impacto visual. El equilibrio del plano –entendido como la relación entre los pesos visuales de los elementos– fue radicalizado por la palabra *summa* en toda la altura de los cuadrantes derechos. Dada su cercanía al eje central produce un balance inestable, no especular, que acentúa sutilmente el dinamismo de la composición. Este desplazamiento, fuera del eje central, genera un equilibrio asimétrico propio de la gráfica vanguardista. De esta forma, los cuadrantes izquierdos quedaron completamente blancos.

Si bien la verticalidad es un criterio compositivo compartido por ambas publicaciones, la superposición numérica del libro es sustituida por el nombre de la revista girado 90° a fin de cambiar el sen-

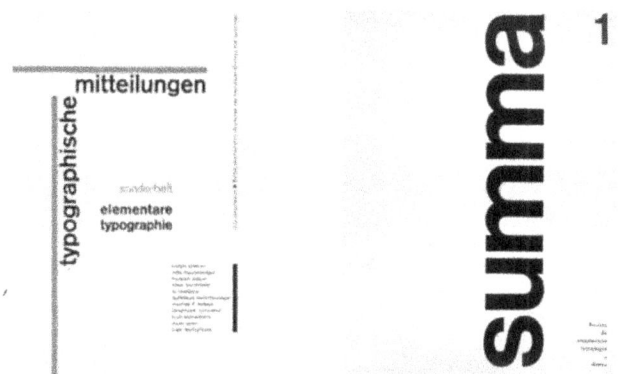

Figura 2

tido de lectura; los números en la tapa del libro se leen en sentido descendente –acompañando el zigzagueo de estos– mientras que la palabra *summa* debe necesariamente leerse en sentido ascendente concentrando la atención del lector en este punto focal lineal. Esta simplicidad también atañe al ritmo regular de las letras –en tanto secuencia en la que aparecen los elementos– y a su escala –en base a la relación entre tamaños–, dando protagonismo al nombre de la publicación, convertido en logo. Un referente de esta diagramación tipográfica –conocida por Méndez Mosquera– fue la publicación "Tipología Elemental" (1925) de Jan Tschichold, quien combina lo vertical y lo horizontal logrando una lectura fragmentada del título.[14] En el caso de *summa* la contundencia de la verticalidad predomina sobre los caracteres horizontales –el número y la descripción–, de menor tamaño y muy distantes entre sí sobre el margen derecho. (Fig. 2)

---

[14] Jan Tschichold, "*Elementare typographie*", en *Typographische mitteilungen* (1925). Citado en Fernández (2022, p. 53). Jan Tschichold (1902-1974) propone romper con las normas clásicas del impreso en favor de una organización más libre, acorde con los nuevos tiempos. Su obra *Die neue Typographie* (1928) es posiblemente el más famoso en esta materia en el siglo XX.

Esta verticalidad y variación escalar también hacen alusión a las enseñanzas tipográficas de Moholy-Nagy –emblemático docente de Bauhaus– quien no sólo bregaba por contrastes fuertes y el uso audaz del color, sino también por la utilización de "todos los tipos de letras, en todos los tamaños y formas geométricas (…) sin inhibiciones de todas las direcciones lineales".[15] Sin duda, la tapa de *summa* logra una notable simplicidad a partir de la síntesis, el impacto visual y una notoria sofisticación gráfica.

La tipografía como figura

Mario Guidoux Gonzaga y Rodrigo Steiner Leares (2016, p. 5-6) explican, en relación con la tipografía y arquitectura editorial de *summa*, que "la organización estructural en columnas bien definidas, el uso de fuentes como Futura y Helvética y el rigor formal muestran la influencia alemana en lo que se conoció como estilo tipográfico Internacional". Si bien los autores hacen referencia a la revista en términos generales, estas fuentes fueron las elegidas por Méndez Mosquera para el diseño de la portada. Por su parte, Amorin y Cavalcanti (2015) dejan en claro el conocimiento y la experiencia en arquitectura tipográfica por parte del matrimonio Méndez Mosquera en los siguientes términos:

> El mismo nombre de la agencia que fundaron, Cícero Publicidad, rendía homenaje a la unidad de medida tipográfica cícero, del sistema creado por François-Ambroise Didot, a finales del siglo XVIII. Según Lala, los limitados recursos gráficos disponibles en Buenos Aires en la década de 1950 fueron un desafío para la práctica

---

[15] Expresiones de Moholy-Nagy, citado en Meggs (1991).

de una comunicación visual moderna. Un camino tortuoso que, sin embargo, acabó contribuyendo al surgimiento de Summa más adelante. (p. 8)[16]

En su relato, los autores explican esta temprana filiación tipográfica con publicaciones alemanas, entre las que destaca *Bauen+Wohnen*.[17]

La portada de *summa* cuenta con fuentes tipográficas distintas: Akzidenz-Grotesk bold y Helvética bold –sólo la "s"– para el título en cuerpo 220 y el número de edición en cuerpo 90. Para la sucinta descripción de la publicación: *Revista de Arquitectura, Tecnología y Diseño* se utilizó Futura cuerpo 10/18. Esta combinación de fuentes y tamaños no fue un hecho fortuito. Todo lo contrario. El amplio conocimiento de Carlos Méndez Mosquera sobre el área tipográfica quedó reflejado en esta elección.

Jorge Frascara (1988, p. 41-47) detalla seis etapas en el diseño de alfabetos, haciendo hincapié en las transformaciones acontecidas durante el siglo XX en relación con las vanguardias en diseño gráfico. Según este autor, las décadas del 20 y del 50 fueron claves para el desarrollo de la tipografía contemporánea en base al contraste entre simplicidad y legibilidad en la organización visual de mensajes.

En los años veinte los alfabetos exploran nuevas formas. Jan Tschichold fue el primero en proponer la diagramación tipográfica desde el punto de vista funcional a fin de organizar visualmente el mensaje. Por su parte, Herbert Bayer, profesor de Bauhaus,

---

[16] El cícero es una unidad de medida tipográfica Se trata de una unidad de medida tipográfica: un cícero de 12 puntos se corresponde a 4.513 milímetros.

[17] Méndez Mosquera recuerda que cuando estaban en Cícero Publicidad querían hacer los anuncios con tipografía etrusca (*sans serif*) y las recortaban de *Bauen+Wohnen* para hacer la maquetación de los avisos. Entrevista citada en Amorín y Cavalcanti (2015, p. 8).

buscaba mayor simplicidad alfabética a partir de criterios estéticos sumados a la eliminación de las mayúsculas, optando claramente por la belleza sobre la legibilidad. En paralelo, Paul Renner, diseñador gráfico y tipógrafo –director de la Escuela de Maestros Impresores Alemanes– adhirió a las posturas de la Bauhaus en relación con la necesidad de crear una nueva tipografía y diseñó Futura, fuente tipográfica de palo seco –también conocida como *sans serif*, es decir, sin pequeños detalles de terminación en sus caracteres–, basada en formas geométricas puras como el cuadrado, el círculo y el triángulo.[18] Una de las ventajas de esta tipografía sobre la creada por Bayer –denominada inicialmente Universal– es la mayor coherencia y legibilidad a fin de aumentar la comprensión y velocidad de lectura.

En la década del 50 la psicología experimental, entendida en términos de estudios de percepción, aprendizaje y conducta, influyó notablemente en el diseño gráfico y la tipografía para mejorar la legibilidad. Helvética y Univers son las nuevas fuentes entendidas como formas percibidas –no ya como formas físicas– y caracterizadas por correcciones ópticas a fin de posibilitar una lectura más fluida. En 1956 Max Miedinger, tipógrafo suizo, diseñó un nuevo tipo de caracteres de palo seco –*sans serif*–, para la Fundación Haas. Un año más tarde, presentó la *Neue Haas Grotesk*, conocida desde 1961 como tipografía Helvética. Este alfabeto se caracteriza por su sencillez, simplicidad y equilibrio formal transformándose en un diseño suizo de excelencia. Akzidenz-Grotesk bold y Helvética Bold para la "s" en caja baja –es decir, minúscula– fueron las elegidas por Méndez Mosquera para el logotipo y número de la revista.

---

[18] El alfabeto Futura, presentado por la fundición Bauer Types en 1927, tiene una amplia gama de cuerpos y tipos, en normal, ancha y estrecha.

En la portada de *summa* resulta evidente la elección de la tipografía en base no sólo a su legibilidad sino también a su estética. En cuanto a la frase "Revista de arquitectura, tecnología y diseño" se optó por la fuente Futura en caja alta –con mayúscula para mejor legibilidad– y de menor tamaño.

Frascara (1988) explica que a partir de la década del 50 los requerimientos funcionales del diseño gráfico viraron de lo estético a lo comunicacional en los diseñadores de vanguardia. La tapa de *summa* deja en evidencia que su diseñador transitó ese camino, pero sin dejar de lado las enseñanzas de los años veinte. Lo funcional y lo estético se combinaron en una síntesis icónica donde la simplicidad es equivalente tanto a lo legible como a lo bello.

En cuanto al significado del nombre de la revista, se pueden inferir varias posibilidades no excluyentes. Por un lado, la palabra "*Summa*" puede referirnos a la obra *Summa Theologicae* escrita en latín por Santo Tomás de Aquino en el siglo XIII.[19] Sin embargo, dada la formación de Méndez Mosquera no resulta factible vincular el nombre de la revista con esta obra. Otra posibilidad es que *summa* derive de la expresión latina *summum*, entendida como el grado máximo al que puede llegar algo inmaterial, especialmente una cualidad. Por su parte, Lala Méndez Mosquera aclara que "(…) el nombre *summa* marcaba una búsqueda de lo excelso –y su doble *mm* una diversión privada en familia".[20] En el terreno de las inferencias, las posibilidades mencionadas pueden estar implícitas en la elección del vocablo *summa*: su sentido didáctico y comunicacional, su excelente calidad académica y gráfica elevando la

---

[19] Esta obra es un tratado de Teología, a manera de compendio, sobre las enseñanzas y dogma católico con un claro objetivo didáctico destinado a los catecúmenos.

[20] Mercé, Cayetana. *Un día. Una arquitecta*. <https://undiaunarquitecta4.wordpress.com/2019/03/13/lala-mendez-mosquera-1930/>. Revisado el 27 de agosto de 2023.

publicación a un objeto de diseño y, por último, la inclusión de las iniciales de sus creadores –*Méndez Mosquera*– en el nombre de la revista devenido un logo.

El blanco como fondo

En el editorial del número 50 de la revista, en 1972, Lala Méndez Mosquera dejaba en claro que "*summa* salió a la palestra a preconizar la necesidad de comunicación a un nivel de exigencia y selección que le valió la denominación irónica de 'la blanca'".[21] De esta frase se puede inferir el primitivo significado de "blanco" –en relación con la ironía de sus detractores– si se intercambian las palabras exigencia por pretensión y selección por clasificación o preferencia. Sin duda, la publicación de *summa* no dejó indiferente al campo editorial local.

En la actualidad, resulta significativa la identificación de estos números de la revista a partir de su tapa. En una primera instancia, este hecho en sí habla de su singularidad. Su identidad fue tan potente que no era necesario recurrir a su nombre. Pero al margen de esta connotación, en contraposición a la ironía con que un sector del público nombraba a la revista y a lo "aburrida" que era hace más de dos décadas para su diseñador, en la actualidad este apodo adquiere otro significado. Si bien, como ya fue mencionado, Méndez Mosquera nunca aclaró el motivo de la elección del blanco como fondo de portada, se puede inferir una cierta filiación con las tapas de publicaciones alemanas de vanguardias publicadas por la Bauhaus, a cargo de Moholy-Nagy, quien, en su libro sobre fotografías en películas, diseñó la tapa y contratapa con tipografía negra sobre fondo

---

[21] Méndez Mosquera, L. (1972, p. 20).

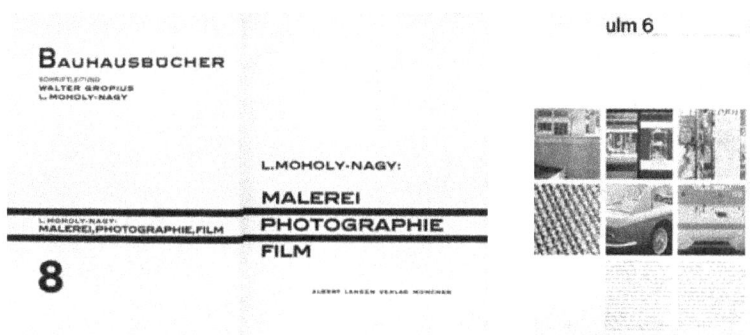

Figura 3

blanco,[22] al igual que la portada de la revista Ulm a cargo de Tomás Maldonado. Estos hechos hacen alusión al blanco como sinónimo de modernidad en el diseño editorial. (Fig. 3)

Kenya Hara (2021) sostiene que "la comprensión del color no se produce únicamente a través de la vista, sino de todos los sentidos" (p. 33-34). Este enfoque remite a una experiencia sensorial donde el blanco se percibe como blancura. Luego agrega que "El blanco puede obtenerse mezclando todos los colores del espectro cromático, o bien mediante la sustracción de la tinta y los demás pigmentos. En resumen, el blanco es, al mismo tiempo, "todos los colores" y "ningún color". Esta característica de un color que puede "huir del color" hace del blanco algo muy especial" (p. 8-9). A la luz de estas ideas, las portadas de los cuatro primeros números de *summa* adquieren esa dimensión. Tal como comentara Carlos Méndez Mosquera, "la cartulina ilustración brillante" y "la tinta mate" aluden a la vista y al tacto como receptores y potenciadores de la blancura en la portada que, sin duda, expresa su condición

---

[22] Frascara (1988). La portada, editada por la Bauhaus, cuyo autor es Lázló Moholy-Nagy es del libro *Malerei fotographie film*, de 1925.

especial, atípica para los estándares gráficos locales de la época, que hoy la transforman en un objeto de culto.

Hara (2021, p. 11) plantea la blancura en tanto concepto expresivo del diseño en los siguientes términos: "El blanco puede entenderse como la forma básica de la vida o de información surgida del caos…". Una de las primeras ideas expuestas en el editorial de *summa* 1 plantea como hecho controvertido una carencia –tanto en nuestro país como en Latinoamérica– de un medio de comunicación de calidad en Arquitectura, Tecnología y Diseño. Este argumento no sólo sustenta la causa de la edición de la revista, expuesta con contundencia: "Esa es la razón de la aparición de *summa*", sino también genera la necesidad de su presencia en el mercado.[23] Por lo tanto, la revista deviene un objeto de diseño cuyo logotipo –su nombre– lo identifica como producto. Así, es posible inferir que esta revista se transforma en creación que emerge del caos de las publicaciones especializadas de la época. El blanco, en tanto huida del color –el caos editorial de dudosa calidad– puede interpretarse como vehículo y expresión de una contundente crítica implícita ante ese contexto. Esta connotación hace referencia a la asociación del blanco con el vacío. Al respecto, Hara explica que "No obstante, el vacío no significa la "nada", o la "ausencia de energía", sino más bien, suele indicar un estado, o *kizen*, susceptible de llenarse en el futuro. Según esta asociación, el uso del blanco es capaz de crear una vigorosa energía para la comunicación" (p. 40). No tenemos constancia del conocimiento de estas ideas por parte de Méndez Mosquera, pero se puede inferir el rol que, en la gráfica de vanguardia, se otorgó a la optimización de recursos editoriales en términos de la belleza de lo mínimo. Hoy, al considerar el vacío como vehículo de comunicación, se puede entender la creatividad

---

[23] Méndez Mosquera (1963, p. 11). Al respecto puede leerse el capítulo "Cuando el editorial trasciende sus límites", en este mismo libro.

de la publicación. Su portada no sólo proponía oponerse al caos editorial, sino también se presentaba a sí misma como un sitio a ser ocupado con ideas y propuestas innovadoras que *summa* introduciría en las sucesivas publicaciones.

Una idea de Hara (2021, p. 75) sintetiza la connotación que en el siglo XXI adquieren los primeros números de *summa*, "las blancas":

> El extrañamiento está íntimamente relacionado con el blanco. Éste se mueve en dirección opuesta al caos, es la imagen singular que emerge del desorden. El blanco reside en nuestra consciencia como información nueva que ha escapado de nuestro universo de conocimientos consolidados. No puede ser corrompido ni mancillado… y fija la información.

summa emergió en su contexto editorial asumiendo un nuevo rol, totalmente vanguardista tanto en su contenido como en su diseño. Hacia aquellos conocimientos disciplinares consolidados de la década del sesenta la revista apuntó su carácter crítico.

La síntesis

Retomando el editorial de *summa* 50, Lala Méndez Mosquera explica que "Los primeros (números de *summa*) aparecían cada 3, 4 y hasta 5 meses, y contenían una selección estricta de las obras y diseños considerados de valor por la redacción de la revista. Dicha selección implicaba en sí misma una crítica.". En la actualidad su sentido resulta totalmente explícito.

La ironía de algunos detractores de mediados de siglo XX en relación con el apodo "la blanca" y el supuesto aburrimiento de su editor hace más de dos décadas, hoy transforman a *summa* en signo de una postura académica y editorial concreta nacida en la modernidad y basada en la crítica como bastión ideológico que buscó establecer una relación de igual a igual con las publicaciones de vanguardia internacionales de su época. Tal como lo explica Deambrosis (2011) "fue la expresión de un contexto profundamente mutado en relación con la década anterior y constituyó uno de los vehículos de mayor impacto para la difusión de proyectos y arquitecturas que, con títulos varios, podrían ser identificadas como regionalista" (p. 22). Según este autor, la década del 50 se caracterizó en nuestro país por un proceso de latinoamericanización en el que, sin embargo, Buenos Aires no perdió totalmente su hegemonía cultural. Es precisamente en este contexto donde *summa* se inserta en el campo editorial como agente local de modernización.

Tanto la fisonomía como el contenido editorial y conceptual de *summa* fueron expresiones de vanguardia que señalaron el sentido de la modernización, tal como propone Gómez de la Serna en el epígrafe de este artículo. Hoy, ese sentido resulta totalmente explícito.

Bibliografía

DEAMBROSIS, Federico. (2011) *Nuevas Visiones*. Buenos Aires. Ediciones Infinito.
FERNÁNDEZ, Silvia (2022) *Lala. Arcanos del proyecto moderno. Lala Méndez Mosquera y summa*. La Plata. Ed. Nodal.
FRASCARA, Jorge (1988) *Diseño gráfico y comunicación*. Buenos Aires. Ediciones Infinito.
GÓMEZ DE LA SERNA, Ramón. (1968) *Ismos*. Buenos Aires. Ed. Brújula.
GUIDOUX GONZAGA, Mario; STEINER LEAES, Rodrigo (2016) "A Escola de Ulm e o design grafico das revistas Módulo e Summa". In: 11°

Seminário nacional do Docomomo Brasil. Recife: docomomo - Brasil abril 2016.

MÉNDEZ MOSQUERA, Carlos (1963)." Introducción", en *summa* N° 1. abril, p. 11.

MÉNDEZ MOSQUERA, Carlos. (2015). *Diseño gráfico argentino en el siglo XX*. Buenos Aires. Ediciones Infinito.

MÉNDEZ MOSQUERA, Lala. (1972). "Editorial" en *summa* N° 50, junio, p. 20.

HARA, Kenya. (2021), *Blanco*. Barcelona, Ed. GG.

MEGGS, Philip B. (1991) *Historia del diseño gráfico.* México. Ed. Trillas.

MERCÉ, Cayetana. *Un día. Una arquitecta.* <https://undiaunarquitecta4.wordpress.com/2019/03/13/lala-mendez-mosquera-1930/>.

4.

La escala como artificio analítico

María Eugenia García Bouza
Mabel Gentile
María Silvia López Coda
María Antonia Nosiglia

De los elementos a la simultaneidad

> La escala es, en esencia, un atributo basado en la relatividad dimensional que, como artificio analítico, tiene la capacidad única de hacer emerger determinadas visiones particulares de la realidad.
>
> Aníbal Parodi Ravella[1]

En el número inaugural de la revista *summa*, un artículo de diez carillas lleva por título "Primer concurso internacional de Arquitectura en Argentina: el edificio Peugeot".[2] Los editores lo subdivi-

---

[1] Parodi Ravella (2010).

[2] Artículo Primer concurso internacional de Arquitectura en Argentina: el edificio Peugeot. Revista *summa* N° 1, abril 1963. Buenos Aires, p. 80-90.

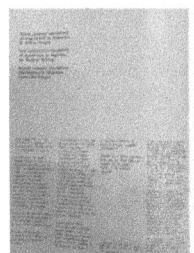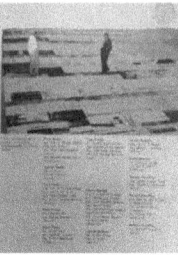

Figura 1

dieron en tres apartados en virtud de su contenido.[3] El primero de ellos –la presentación del tema– es el objeto de estudio de este artículo. En él, el texto es acompañado por tres fotos –una por página– de distintas dimensiones y formatos. (Fig. 1).

Si bien las imágenes ilustran lo narrado, en primer lugar, resulta significativo establecer qué rol cumplen estas fotos en la arquitectura editorial de la revista, específicamente en relación con los elementos escalares –eminentemente formales– en cada una de ellas. En una segunda instancia, en base a estas consideraciones, a nivel interpretativo se podrá establecer la significación intrínseca de las escalas en tanto parámetros de connotación abstractos.

El presente texto propone, en primer lugar, abordar el rol de los elementos escalares en términos iconográficos[4] en las fotografías

---

[3] Los apartados del artículo mencionado son los siguientes: presentación del tema, memoria descriptiva general del proyecto ganador y crítica del jurado del 1° premio seguido por la presentación del 2° premio.

[4] La iconografía constituye el primer nivel de análisis del método iconológico. Este método establece conexiones entre la historia del arte, entendida como historia de las imágenes y documentos orales o escritos de los contextos culturales de las mismas. Erwin Panofsky –discípulo de Aby Warburg– fue el gran sistematizador de este método. El nivel iconográfico –expresivo y convencional– parte de los elementos plásticos de la imagen (morfológicos, escalares, etc.) para llegar a un primer nivel de interpretación –contemporánea a la obra–. Por su parte, el

correspondientes a las páginas 81, 82 y 83 respectivamente. Una vez definido este rol, en una segunda instancia se podrán establecer inferencias interpretativas escalares a nivel iconológico de la imagen –de la página 83– que se consolida como síntesis icónica del apartado.

Los elementos escalares

Justo Villafañe (1996, pp. 155-163) explica que, a diferencia de los elementos morfológicos y dinámicos de la imagen, los elementos escalares tienen una marcada esencia cuantitativa que incide en el resultado visual y adquiere un valor plástico para nada desdeñable. En las imágenes fijas los elementos escalares más importantes son la dimensión, el formato y la escala. La dimensión se expresa a través del tamaño. Por su parte, el formato supone la selección espacio-temporal de la foto definido por la ratio.[5] De acuerdo con su valor adquiere significación descriptiva o narrativa, esencial para el resultado visual de la composición. Por último, la escala es imprescindible para la comprensión visual de la foto, dado que implica la relación entre tamaños. A partir de ella se pueden comparar los objetos de la realidad con los parámetros mencionados de la imagen. En esta primera instancia iconográfica, la realidad estará determinada en la revista por el tamaño de la página.

En la primera página del artículo, los editores plantean sus aspiraciones de "ejercer una crítica profunda y completa" sobre aspec-

---

nivel iconológico –partiendo de los significados arrojados por el análisis iconográfico– llega a una significación intrínseca de la misma en la actualidad.

[5] Ratio: proporción que existe entre los lados de la imagen. Se expresa primero la medida del lado vertical y luego la del horizontal. El menor de los dos vectores se reduce a uno y el otro es el cociente entre el mayor y el menor.

Figura 2
summa N° 1, p. 81

tos positivos y negativos del concurso,[6] destacando su relevancia a nivel nacional e internacional. Por lo tanto, resulta apropiada la ausencia de toda imagen.

En la segunda carilla, los editores explican los antecedentes del concurso poniendo de relieve el comitente, los patrocinadores, el nombramiento del asesor y los respectivos jurados. Una foto de encuadre frontal situada en el cuadrante superior derecho –dinámico por excelencia– muestra al asesor del concurso y a los jurados parados entre las láminas de los proyectos, reunidos en semicírculo. (Fig. 2) La imagen, al situarse sobre el texto, anticipa su contenido a manera de presentación, donde los protagonistas son, por el momento, el asesor y los jurados. La dimensión de la foto,

---

[6] Los editores plantean estos objetivos en relación con el artículo analizado en este trabajo y tres notas subsiguientes al mismo: Los aspectos urbanos del edificio Peugeot de Odilia Suarez; Comentarios sobre el concurso Peugeot de Francisco Bullrich y El caso Peugeot del Ing. Gallo.

de tamaño 10,00 x 11,7 cm, es pertinente con su contenido, cuyo foco recae en el grupo de profesionales. Por su parte, el formato de ratio 1:17 expresa el carácter descriptivo de la imagen, próxima al retrato grupal, en concordancia con lo textual. En cuanto a la escala, la foto representa un cuarto –25% aproximadamente– de la superficie de la página, equivalente a la superficie del texto, hecho que remarca su carácter descriptivo. Imagen y texto se conforman uno reflejo del otro y al estar ambos sobre el flanco derecho de página impar –que atrae la mirada del lector en primer término–, retienen su atención. El vacío de la izquierda en la carilla actúa como pausa en concordancia con lo expresado por el par imagen-texto: la presentación del evento y sus artífices.

En la tercera página, los editores transcriben entrevistas con el asesor y uno de los jurados quienes explican los pormenores del concurso, las bases y los criterios de selección. La cantidad de participantes –226 equipos– resulta abrumadora, según queda expresado en el texto. Las palabras del Arq. Francisco F. Rossi –uno de los jurados– son elocuentes: "merecía el valor de récord en concursos internacionales de arquitectura." (Fig. 3) La foto situada en el cuadrante inferior derecho –pasivo por excelencia– muestra en encuadre frontal a dos miembros del jurado examinando proyectos que están colocados en posición vertical frente a ellos. La dimensión de la foto –9,8 × 5,5 cm–, en un principio resulta controvertida con el contenido del texto. Sin embargo, el foco es pertinente, ya que muestra una oscura fuga central infinita e incierta que ilustra la abrumadora cantidad de participantes, lo que hace correcta la decisión sobre su dimensión. Por su parte, el formato de ratio –1:78– expresa el carácter narrativo de la imagen en concordancia con lo textual. En cuanto a la escala, la foto representa el 8,9% de la superficie de la página, considerablemente menor al porcentaje de texto –50% aproximadamente–. Se genera así un marcado doble contraste escalar; por un lado, entre la foto y

Figura 3
summa N° 1, p. 82

el texto, y por el otro, entre la foto y la carilla. En este caso, texto e imagen se ubican en lados opuestos de página par –donde se debe enfatizar efectos visuales para atraer la mirada del lector–. Por ello, lo escrito abarca casi todo el flanco izquierdo, enfrentado a la foto que se sitúa en el sector inferior del flanco derecho. Resulta curioso un tercer contraste entre los espacios vacíos debajo del texto y encima de la imagen a manera de equilibrio inestable, propio de criterios gráficos vanguardistas. Esta reducción escalar de la imagen enfatiza el tamaño de la foto situada en la página siguiente hacia donde dirige la mirada del lector. Otro dato para destacar es el epígrafe sobre la foto analizada donde se consigna el mismo título para esta imagen y la de la página posterior, a manera de umbral hacia el corolario y culminación del apartado.

En la cuarta página del apartado, los editores enumeran la nómina de ganadores del concurso. (Fig. 4) La foto situada en los cuadrantes superiores –eminentemente dinámicos– muestra en un

Figura 4
summa N° 1, p. 83

encuadre en picada a dos jurados caminando entre los proyectos extendidos sobre el suelo. La imagen, al situarse sobre el texto, tiene total protagonismo visual. Su dimensión –21,2 × 11,9 cm–, adquiere predominancia sobre el tamaño del texto. Aquí el foco, enfatizado por el encuadre, remite la mirada del lector a la sucesión de láminas extendidas sobre el suelo sin solución de continuidad. Por su parte, el formato de ratio –1:78– manifiesta el carácter narrativo de la imagen en discrepancia con la nómina de ganadores del texto, claramente denotativa.

Un detalle significativo radica en las ratios de las dos últimas fotos –al margen de ser narrativas a diferencia de la primera imagen–. Ambas tienen igual ratio y el mismo contenido iconográfico –dos jurados mirando las láminas desplegadas frente a ellos y sobre el piso–. Sin embargo, los diferentes encuadres y tamaños están acordes con lo que se quiere enfatizar. El encuadre frontal de la primera de estas imágenes (p. 82) hace énfasis en la infinita convocatoria en términos abstractos, donde la foto relata lo cuantitativo del concurso. Por el contrario, en la foto siguiente (p. 83), el encuadre en picada pone énfasis en los proyectos concretos, es decir, en la respuesta a esa convocatoria. La fuga hacia lo infinito de la primera imagen alude al tiempo y la superficie de los proyectos en la segunda foto al espacio. Ambas al complementarse, expresan la escala descomunal del evento. En cuanto a la escala particular de la última imagen, la foto representa casi el 50% de la superficie de la página superando el área ocupada por el texto –de carácter sólo denotativo–, hecho que refuerza su peso visual. De esta forma, la foto adquiere no sólo jerarquía por el formato narrativo, sino sobre todo por su escala que la convierte en síntesis icónica del apartado, hecho reforzado por ser la única imagen de las tres que llega hasta el margen de la página.

A modo de conclusión de la primera parte del presente trabajo, sobre la medida en que los elementos escalares contribuyen, o no, a reforzar la connotación texto-imagen, no sólo resulta evidente la intención de los editores de generar una arquitectura editorial acorde con los estándares de diseño de una revista de vanguardia como *summa*, sino también otorgan a las imágenes un rol fundamental. Las tres fotos tienen en común los personajes y las láminas de proyectos, sin embargo, los elementos escalares y encuadres refuerzan sustancialmente el mensaje que el fotógrafo decidió emitir en cada una de ellas. Tal como expresaron en la primera página del artículo acerca de "ejercer una crítica profunda y completa" sobre aspectos positivos y negativos del concurso, son en gran medida las fotos –a partir de los elementos escalares– las encargadas de cumplir con esas aspiraciones en este apartado.

Los criterios compositivos expresan un cuidado minucioso en el rol que los elementos escalares de las fotos juegan en estas primeras cuatro páginas. En la primera imagen la concordancia entre su dimensión, formato y escala con el texto es pertinente y convencional, mientras que el par foto-texto presenta un novedoso porcentaje escalar en la página. En la segunda imagen el formato de la foto concuerda con los criterios narrativos del texto, pero la dimensión y la escala contrastan significativamente con el mismo y con la carrilla. Por su parte, en la tercera foto, el formato narrativo contrasta con el texto denotativo, mientras que la dimensión y la escala están en plena concordancia con la superficie del texto y con la página en sí. Por lo tanto, los elementos escalares de las imágenes también enfatizan el rol que cada foto juega en la edición y contenido del apartado. De esta forma, la primera foto se transforma en signo[7] descriptivo del texto que acompaña, la segunda imagen deviene signo connotativo de lo narrado en la carrilla y, por último, la tercera foto es la sinopsis icónica del artículo. Es su símbolo,[8] dado que sintetiza la relevancia del primer concurso internacional de Arquitectura en Argentina.

Las escalas en simultáneo

A continuación, en la segunda parte de este trabajo nos detendremos en el análisis iconológico pormenorizado de la última imagen (Fig. 4) que sintetiza la envergadura del evento. Este nivel de aproximación a la foto, entendido en términos de significación intrínseca, se basa en el abordaje de su contenido, de tal forma que permita leerla de modos alternativos. Para ello ampliamos nuestro marco teórico al campo específico de la comunicación audiovisual.

---

[7] El signo, en términos de Pierce, es un representamen que, se refiere a algo en algún aspecto o carácter. Ver Vitale, 2002, p. 11.

[8] El símbolo, en términos de Pierce, sin dejar de ser un tipo específico de signo, refiere a una asociación de ideas generales que operan como causas de su interpretación, no sólo en algún aspecto o carácter. Ver Vitale, 2002, p. 41.

Javier Marzal Felici (2008, pp. 78-79 y 184) explica que es posible denotar la escala en el encuadre fotográfico desde un nivel morfológico y así percibir la importancia de la acción y la observación detallada en la descripción del motivo fotográfico, ya desde la primera lectura. Este enfoque nos lleva a entender la escala como parámetro también abstracto a partir de las distintas problemáticas que atraviesa nuestra disciplina, desde la interpretación a la comunicación. El autor relaciona directamente lo escalar con el tamaño de la figura humana en la foto, siendo ésta la organizadora del encuadre de acuerdo con el tipo de plano elegido. El tamaño del sujeto fotográfico puede cambiar la significación de la imagen en función del contexto visual. Para ello es necesario, según este autor, determinar el espacio fotográfico, entendido en términos de lo "fuera-de-campo sobre lo que se apoya la verosimilitud de lo representado". En otras palabras, lo que no aparece en el campo fotográfico –la foto en sí– pero está directamente relacionado con el recorte hecho por el fotógrafo.

Esta narración, nos cuenta un espacio y un tiempo determinados que puede cambiar su interpretación, de acuerdo con el sistema escalar que se utilice para interpretarla.

Un grupo de arquitectos camina sobre un piso de planos. Quizás su intención sea generar una nueva topografía del mundo de las ideas habitables. Casi un paisaje en sí mismo. Es interesante focalizar los distintos espacios conceptuales que se atraviesan, desde la idea proyectual a su materialización en láminas, donde se relacionan simultáneamente, distintas escalas de acercamiento a una reflexión en común. Una cámara fotográfica congela ese momento que representa un tiempo, un tiempo de reflexión en los modos de ver la arquitectura, en los modos de percibir y de involucrarse con el oficio que nos interpela. El punto de vista de la cámara nos hace tomar distancia para poder contextualizar un todo. La idea de evaluar en este concurso conlleva la toma de decisiones concretas sobre la ciudad. ¿Qué necesita la ciudad desde su patrimonio arquitectónico? 226 estudios, provenientes de 30 países contestaron esta pregunta. El edificio concursado se suma al tejido urbano y a la impronta estética del mismo. Es la decisión acerca de una nueva huella en la ciudad. Ese compromiso con el territorio es el mismo de cada uno de esos planos que conforman este paisaje de ideas. Multiplicidad de voces que abstraen espacios para habitar un nuevo programa en la ciudad. De ahí, se puede entender la actitud de los personajes-arquitectos, que recorren esa topografía desde lo corporal y lo mental. Por lo tanto, la sucesión de proyectos ya, en primera instancia, adquiere escala urbana.

Contextualizando con lo planteado en el texto del apartado, la foto es un pequeño "pantallazo" de la escala –en cuanto a dimensión– del espacio físico en que se realizaron estas evaluaciones y de las relaciones conceptuales entre proyectos. Allí, los evaluadores pudieron moverse físicamente de un lugar a otro por proximidad de ideas, morfología e implantación. Y es precisamente en esta instancia donde se propone un guiño visual: la importancia de lo que queda fuera del encuadre, el espacio que nuestra imaginación completa tanto físico como conceptual, denominado por Marzal Felici como "espacio fotográfico". Todo lo no publicado, lo que no se pudo mostrar en la imagen, adquiere significado también en dimensiones contextuales, es decir, en cantidad de trabajo tanto por parte de participantes como jurados. Propuestas, debates y decisiones a nivel comunicacional que la foto permite inferir. Las láminas expuestas definen una geografía, una topografía por donde se mueven los examinadores antes de emitir el juicio que definirá al ganador. En otras palabras, las distintas procedencias de las respuestas a la convocatoria otorgan otra dimensión escalar, mucho más abstracta, que hace alusión a un área más amplia, abarcando no sólo el territorio nacional sino también internacional, como los alcances del concurso. Por lo tanto, la escala inferida ya alcanza niveles globales, acorde con la envergadura de este primer concurso.

Como conclusión de esta instancia de análisis iconológico, al variar el sistema escalar, es significativo el nivel de connotación que el espacio fotográfico –entendido en términos de Marzal Felici– establece tanto con el campo fotográfico físico y contextual como con los elementos escalares ya analizados en la aproximación iconográfica. Con respecto al campo fotográfico, permite inferir escalas urbana, territorial y global indistintamente y en simultáneo, hecho que redunda en una aproximación fenomenológica de la foto, es decir, permite al espectador establecer una relación de escalas entre lo observado en la imagen y su exterioridad en sentido amplio. Con respecto a los elementos escalares de la foto, el formato descriptivo y la dimensión preponderante de la imagen sobre el texto en la página de la revista, complementan las connotaciones analizadas en esta instancia iconológica.

A modo de corolario

Luego de haber realizado los dos análisis precedentes –iconográfico e iconológico–, resulta evidente en primer término la concordancia entre el rol de los elementos escalares y la superposición interpretativa de escalas operada simultáneamente en las imágenes del apartado estudiado, específicamente en la última foto. Sin embargo, el aporte a destacar de esta arquitectura editorial de vanguardia reside en la consideración de esta concordancia como recurso editorial óptimo. Este recurso no sólo ilustra lo textual, sino también reestructura las condiciones de la mirada del observador ejerciendo un rol no sólo connotativo sino también eminentemente crítico, tal como lo expresaron los editores en la primera página del artículo al plantear sus aspiraciones de "ejercer una crítica profunda y completa" sobre aspectos positivos y negativos del concurso.

Teniendo en cuenta que todo artificio es un procedimiento o habilidad de sacar algo a la luz, resulta evidente que tanto los elementos escalares como las escalas simultáneas en las imágenes fueron concebidas en tanto "artificios analíticos" tal como lo enuncia Parodi Ravella en el inicio de nuestro artículo.

Bibliografía

ARNHEIM, R. (2011) *Arte y percepción visual*. España. Ed. Alianza Forma.

MARZAL FELICI, J. (2008) *Cómo se lee una fotografía. Interpretaciones de la mirada*. España. Ed. Cátedra.

PANOFSKY, E. (1998) *El significado en las Artes Visuales*. España. Ed. Alianza Forma.

PARODI RAVELLA, A. (2010) *Escalas alteradas. La manipulación escalar como detonante del proceso de diseño*. Tesis Doctoral. Pg. V. ETSArquitectura (UPM). Recuperado el 14/04/2023 de: <https://doi.org//10.20868/UPM.thesis.6224>.

RAMÍREZ, J. A. (1996) "Iconografía e Iconología". En Bozal, V. (comp) *Historia de las Ideas estéticas y de las teorías artísticas contemporáneas*. Vol. II. Madrid. Ed. La balza de la medusa.

Revista *summa* N° 1, abril 1963. Buenos Aires. Edit. summa.

VILLAFAÑE, J. (1996) *Introducción a la teoría de la imagen*. Madrid. Ed. Pirámide.

VITALE, A. (2002) *El estudio de los signos. Pierce y Saussure*. Buenos Aires. Ed. Eudeba.

5.

summa [imagénes]

María Antonia Nosiglia
María Silvia López Coda
María Eugenia García Bouza
Agustina Lezcano

1963

1°edición en español de *La Nueva Visión*
Moholy-Nagy (Ediciones Infinito)
+
Creación *summa*
Revista de arquitectura, tecnología y diseño

[INTRO] DICCIÓN

El proceso de modernización que atravesaba nuestro país durante la década del Sesenta significó la apertura a nuevas tendencias sociales e intelectuales que se verán reflejadas, entre otras, en el surgimiento de *summa*. La revista codificó, legitimó y homologó la vanguardia arquitectónica; se posicionó como referente preferencial dentro del campo de la teoría disciplinar. En ella se expresan los procesos que caracterizaron la Arquitectura y el Urbanismo Modernos en Latinoamérica. Su contenido y su forma expresaron las prácticas sociales y el hábitat modernos.

En este artículo nos proponemos explorar cómo estos planteos y los contenidos se ven reflejados en la organización de la revista y qué papel juega la imagen en la misma. Para ello haremos foco en la estructura de la revista identificando temas, agrupando problemáticas e indagando las posibles relaciones con las imágenes. Analizaremos cómo se construye el discurso lingüístico con las imágenes y cómo el predominio de una cultura visual deviene en una enunciación teórica y su consecuente divulgación.

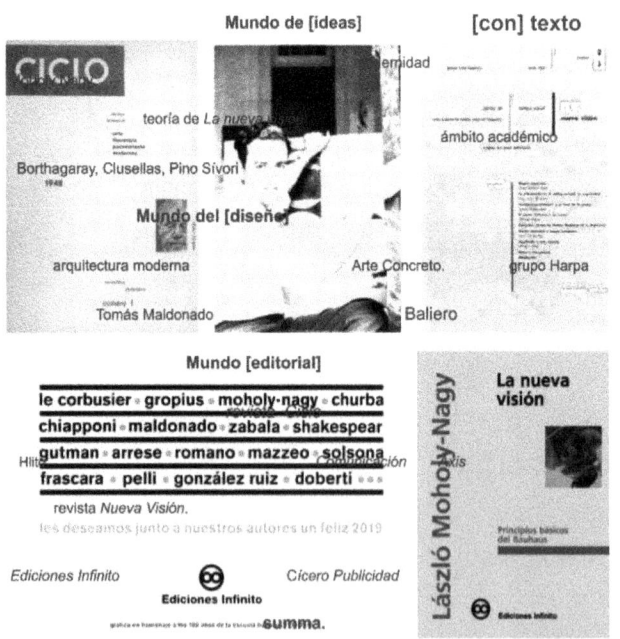

[CON] TEXTO

El cambio en la percepción de los límites de la Arquitectura en relación con un nuevo perfil técnico y social, así como un planteo innovador sobre la forma, el espacio y su correlato con la acción proyectual, es una constante de la época. Estos planteos, basados en una nueva concepción de lo visual, encontraron en el diseño un canal genérico para vincular la Arquitectura y el Urbanismo con el Diseño Industrial y Gráfico: los ejes temáticos de la revista *summa*.

Esta nueva concepción de lo visual se verá reflejada en los tres prefacios de la 4° edición del libro de *La Nueva Visión* de Moholy-Nagy editado por primera vez en español por Ediciones Infinito, de Carlos Méndez Mosquera en 1963. Rescatamos los siguientes párrafos según las sucesivas ediciones.

Prefacio W. Gropius

Hoy nos hallamos ante nuevos problemas como la cuarta dimensión y la simultaneidad de acción, ideas extrañas a otras épocas, pero inherentes a una moderna concepción del espacio.

Moholy-Nagy advirtió muy pronto que el espacio puede ser más fielmente traducido por medio de la luz.

Moholy-Nagy ha observado y registrado la luz con el objetivo de la cámara fotográfica [...]

"La nueva visión" [...] se convirtió en la nueva gramática del diseño moderno.

Moholy-Nagy (1997, pp. 16-17)

Prefacio Moholy-Nagy
de la 2° edición inglesa, 1938

"La nueva visión" fue escrita para difundir entre artistas y profanos el principio básico de la educación del "Bauhaus": la fusión de la teoría y la práctica en el diseño.

Moholy-Nagy (1997, p. 11)

Prefacio Méndez Mosquera
de la 4° edición inglesa,1997

[...] nos asombra la contundencia e interés que el texto de Moholy-Nagy tiene hoy, como documento histórico y planteo pedagógico.

En esta introducción no podemos dejar de señalar el vanguardismo de Moholy en la fotografía a través de sus innovadores "fotogramas", de la gráfica de los 14 libros del Bauhaus, de sus fotomontajes, de sus collages gráficos, y de su particular y pionera comprensión de los cambios que introducía la tecnología en el entonces desdibujado concepto del diseño y la comunicación.

No debe pasarse por alto el cambio de nombre que introdujo Moholy en la primera versión inglesa de 1930. [...] "La nueva visión", que sirvió a partir de esa fecha, para englobar una serie de manifestaciones en el campo del diseño, la arquitectura y las artes visuales, que coincidiría con la obra de los pioneros del diseño moderno y sus seguidores.

Moholy-Nagy (1997, pp. 7-9)

Moholy-Nagy

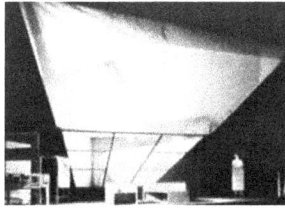

una **nueva visualidad** cuyo principal soporte será la **fotografía**

Moholy-Nagy fue invitado por Walter Gropius a ser profesor de la Bauhaus en el año 1922. Enmarcada dentro de un sistema de pensamiento racional propio de la modernidad, la escuela integró la industria, la ciencia y la técnica, generando una nueva estética que abarcaría todos los ámbitos de la vida cotidiana. Asimismo, sentó las bases de lo que hoy conocemos como diseño industrial y gráfico, disciplinas que no existían como tales antes de su creación.

> "La nueva visión" […] se convirtió en la nueva gramática del diseño moderno.
> Walter Gropius

Este será el contexto propicio para el surgimiento de una publicación que iba a condensar los nuevos modos de ver y concebir el arte y el diseño en sus distintas expresiones. Será la revista *summa* la principal responsable de convocar, generar y difundir estas ideas modernas y de vanguardia en Latinoamérica. Entendiendo como vanguardia a la producción que surge a partir de un descontento con el pasado, haciendo un corte con la historia y elaborando un nuevo lenguaje que incorpora cuestiones tecnológicas nuevas. Siendo éstas las características que definirán los temas que la revista elija transitar.

Bajo la dirección general, gestión económica y promoción de Carlos A. Méndez Mosquera se editaron los cuatro primeros números objeto de este artículo. Junto con Lala Méndez Mosquera (Adolfina Vilcinskas) elaboraron el planteo editorial, la dirección de arte y la ponderación de los contenidos. Esta unión explica el porqué de la doble *m* en el nombre de la revista, haciendo alusión a las siglas Méndez Mosquera.

Consideramos que la figura de ambos es clave para una comprensión del discurso de la revista. Es en este sentido que hemos distinguido algunos aspectos de sus biografías que -encontramos- están en directa relación con la idea, la selección de contenidos, el formato, la estética y la estructura de la revista.

Organizamos sus trayectorias según tres *mundos* en relación con las ideas, el diseño y lo editorial, donde destacamos como hitos trascendentales su matrimonio y la creación de la revista *summa*.

Mundo de [ideas]: En 1949 –siendo miembros del centro de estudiantes– Carlos Méndez Mosquera junto con Borthagaray, Clusellas, Pino Sívori y Maldonado publicaron un boletín sobre las ideas modernas que tendrá gran influencia en el ámbito académico.

La obra Moholy-Nagy y la teoría de *La nueva visión* ejerció gran proyección en su carrera, que se verá reflejada en sus futuras y diversas producciones.

Mundo del [diseño]: Mantuvieron una estrecha relación con referentes de la arquitectura moderna argentina como Horacio Baliero y Juan Manuel Borthagaray. A través de Tomás Maldonado, encargado del diseño gráfico en la revista *Ciclo*, se relacionaron con el grupo de Arte Concreto.

Carlos A. Méndez Mosquera + Lala Méndez Mosquera

En 1952 Carlos y Lala Méndez Mosquera se casan compartiendo las mismas inquietudes y actividades, sumado a la vida académica y familiar. En 1953 Carlos Méndez Mosquera se graduó como arquitecto y junto a los arquitectos Aubone, Aizenberg, Hardoy y Rey Pastor formó parte del grupo *Harpa*, dedicado al diseño de muebles modernos. En 1957 se recibió Lala, embarazada de su segunda hija.

Mundo [editorial]: Carlos Méndez Mosquera dirigió la revista de arte y cultura *Ciclo* entre los años 1948 y 1949. Participó en la fundación de *Axis* con Tomás Maldonado y Alfredo Hlito que fue en 1950 la primera organización de comunicación integral en Argentina. Juntos también crearon en 1951 la revista *Nueva Visión*, una publicación de avanzada en arquitectura, diseño gráfico e industrial. En 1954 creó *Ediciones Infinito* donde *publicaría en 1963 The New Vision*, de Moholy-Nagy, obra que influiría al diseño argentino, promoviendo una nueva mirada en la formación académica.
En 1954 el matrimonio creó *Cícero Publicidad*, la agencia de

comunicación más avanzada –en cuanto a planteo gráfico e impacto cultural– de la década del 60.

En los años 60, se comenzó a gestar en el grupo de arquitectos, docentes universitarios y artistas al que pertenecían, un proyecto editorial.

En 1963 Carlos y Lala Méndez Mosquera fundan la revista *summa*.

CON [TEXTO]
Estructura conceptual de la revista

La revista ya presenta desde la portada su propio campo de acción: *SUMMA: revista de arquitectura, tecnología y diseño.*

Se define a sí misma como una revista de arquitectura para difundir las vanguardias internacionales y la producción de América Latina, convirtiéndose en paradigma de las publicaciones de arquitectura, diseño y urbanismo.

El recorte de este artículo comprende los primeros cuatro números bajo la dirección de Carlos Méndez Mosquera, haciendo foco sobre el análisis de la imagen y su relación con el texto en la construcción del mensaje.

La frecuencia editorial se presenta según la siguiente secuencia, lo que no sólo nos ubica temporal y contextualmente, sino que además nos da una idea del tiempo que implicaba la elaboración de cada ejemplar.

summa n° 1: abril 1963
summa n° 2: octubre 1963
summa n° 3: junio 1964
summa n° 4: diciembre 1965

Consideramos importante aclarar algunos términos sobre los que dirigimos el análisis:

La *imagen* será el tema central sobre el que orientamos nuestra reflexión. Si entendemos que toda imagen es un signo y que la misma está constituida por un *soporte* (materialidad), que es portadora de un *contenido* (concepto) y que se desarrolla en un *espacio y tiempo* (referente), podemos analizarla desde estos criterios y entender que un soporte puede expresar múltiples contenidos, así como el concepto puede expresarse a través de distintas materialidades.

A su vez es necesario un *emisor* (en este caso la revista *summa*), un *receptor* (los lectores formados y público general) siempre mediados por un *filtro* (sensorial, operativo o cultural) tanto del emisor como del receptor. La construcción de este *mensaje visual* se expresa y se recibe en tres niveles: Como representación: aquello que vemos y reconocemos desde el entorno y la experiencia; como abstracción: hecho visual reducido a sus componentes visuales y elementos básicos; y como símbolo: la construcción de significado.

Para poner en relación la imagen, el mensaje, el emisor, el receptor e identificar sus filtros, nos apoyamos en dos autores: Moholy-Nagy y John Berger.

Moholy-Nagy y su libro *La Nueva Visión* será el responsable de la construcción de una nueva visualidad que se manifestará en una nueva forma de la construcción de la imagen y cuyo principal soporte será la fotografía.

John Berger nos dará las herramientas para ver la intencionalidad en la construcción de la imagen y para detectar los recursos en la mirada del espectador que variará según la cuestión contextual.

De su obra *Modos de ver*, de 1972, donde se propuso analizar cómo nuestro modo de ver afecta a la forma de interpretar, extrajimos las siguientes citas que guiaron nuestro análisis.

John Berger

Sobre la imagen:

Una imagen es una visión que ha sido recreada o reproducida.
Berger (2016, p. 9)

El ojo del otro se combina con el nuestro para dar plena credibilidad al hecho de que formamos parte del mundo visible.
Berger (2016, p. 9)

Al principio las imágenes se hicieron para evocar la apariencia de algo ausente.
Berger (2016, p. 10)

Sobre los modos de ver:

La vista llega antes que las palabras.
Berger (2016, p. 7)

Sólo vemos aquello que miramos. Y mirar es un acto de elección.
Berger (2016, p. 8)

Nunca miramos sólo una cosa; siempre miramos la relación entre las cosas y nosotros mismos.
Berger (2016, p. 9)

Toda imagen incorpora un modo de ver. [...] Sin embargo, aunque toda imagen incorpora un modo de ver, nuestra percepción o apreciación de una imagen también depende de nuestro propio modo de ver.
Berger (2016, p. 10)

Sobre la imagen y el tiempo:

Es una apariencia, o un conjunto de apariencias, que ha sido separada del lugar y el tiempo en que apareció por primera vez y se ha preservado durante unos momentos o unos siglos.

Berger (2016, p. 9-10)

Esto fue el resultado de una creciente consciencia de la individualidad acompañada de una también creciente conciencia de la historia.

Berger (2016, p. 10)

La historia siempre constituye la relación entre un presente y su pasado. Cuando "vemos" un paisaje nos situamos en él. Si "viéramos" el arte del pasado, nos situaríamos en la historia.

Berger (2016, p. 11)

[FORMA] TO
Estructura formal de la revista

Las cuatro primeras portadas tienen el fondo blanco y el nombre de la revista en letra de imprenta minúscula está girado en vertical de abajo hacia arriba, lo cual nos permitiría una lectura clara si tomamos el ejemplar en sentido horizontal. Sin embargo, tanto el número de la revista como el subtítulo figuran ubicados sobre el margen derecho del lado más corto, en los extremos superior e inferior respectivamente. La alineación de dichos textos está justificado a la derecha.

Esto muestra que "la simultaneidad de acción", en palabras de Gropius está presente desde de la tapa. La revista se presenta vertical con una propuesta de lectura horizontal.

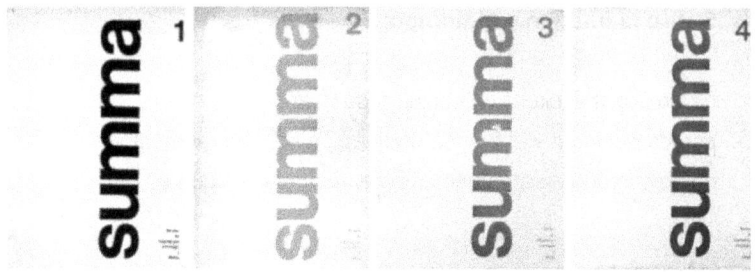

La revista se estructura de la siguiente manera:

El cuerpo temático se encuentra contenido por dos series de páginas de publicidad, al comienzo y al final.

Todas las páginas de contenido están impresas en blanco y negro, el tipo de hoja marcará diferencias de contenido. Las hojas blancas y satinadas son las que se refieren a la producción realizada y a la crítica, mientras que las que muestran documentación sobre proyectos todavía no realizados o en vías de realización son de color celeste, opacas y de mayor gramaje. Asimismo, una tercera calidad de hoja que es de color gris con sello de agua que transparenta su marca *witcel*, distingue la sección de *RESÚMENES* que traduce el texto de crítica en tres idiomas que -al igual que los epígrafes- incorporan además del español el inglés y francés.

Esta condición evidencia el interés de proyectar la revista a un ámbito internacional.

Las excepciones en el soporte de la revista se manifiestan a partir de lo que quieren atraer. Una hoja especial, en cartón troquelado de fondo amarillo y tipografía impresa en verde incorpora una hoja de suscripción anual.

Se destacan en ella tres diferentes propuestas de suscripción.
1) personal
2) como tarjeta de regalo
3) traducción al idioma inglés

Otra manifestación de excepción aparecerá en algunas publicidades donde la incorporación del color será el recurso para su visualización. En esos casos, el color rojo será el elegido, mutando desde el violeta al *bordeaux* pasando por el naranja.

Cuadro temático

CATEGORIAS	summa N°1	summa N°2	summa N°3	summa N°4
TEORÍA Y CRÍTICA	3 (Bullrich, Mumford)	4 (Banham, Solsona, Goldemberg, DI)	1 Sacriste	1 Bullrich
TECNOLOGÍA	2 (Leiro, automovil)		2 (Borthagaray, Lanza)	
URBANISMO	2 (Peugeot, Código)	1 Bs. As.		1 Burle Marx
SOCIAL	1		2 (Villa miseria, deficit social)	
ARTE	1 Pevsner	1 artes visuales	1 escultura	
ANÁLISIS DE OBRA	1	6 (3 obras, 3 proyectos)	5 Uruguay	6 (2 Brasil, 1 Proy, 4 Mex)
FUENTE PRIMARIA	1 Sacriste			1 F.Candela
CONCURSOS	3 (JockeyClub, Peugeot, Bibl.Nac)	1 Arq		
AGENDA / NOTICIAS	1	1	2 (UIA, Gral concursos)	1 Concursos
BIBLIOGRAFÍA	1 Libros	1 libro, 1 revista	1 libro, 1 revista	1 libro, 1 revista
DISEÑO INDUSTRIAL	1	8 equipamiento	2 Olivetti	1
FORMACIÓN		4 cursos		
CORREO LECTORES		1	1	
BIOGRAFÍA AUTORES	1	1	1	
DISEÑO GRÁFICO				
	CONCURSO INTERNACIONAL DE PEUGEOT Un tema principal con articulos referidos (de critica, tecnologia, urbanismo, codigo, etc)	se abre el campo a DISEÑO INDUSTRIAL. Se agregan REVISTAS como bibliografia. Aparece FORMACIÓN, menos cantidad de concursos	se incorpora el exterior LATINOAMERICANO (Uruguay)	se abre al exterior Brasil, y México

Del cuadro, se deduce que en los cuatro primeros números está presente un segmento de teoría y crítica escrito por autores locales y extranjeros. Una sección de urbanismo, una de arte, análisis de obra, agenda de noticias, una sección con bibliografía y análisis de diseño industrial. Por lo general, aunque no en todos los números, hay notas sobre tecnología específicamente, textos de fuentes primarias, sección sobre formación (cursos), biografía de autores y correo de lectores. El diseño gráfico todavía no se hace presente como sección, aunque sin duda aparece expresado en distintas partes de la publicación destacándose en lo institucional, en la portada y en algunas publicidades.

Los concursos como unidad temática transitan con mucha presencia en el número uno y en el número dos pasando a la sección agenda a partir del número tres. Podríamos inferir que este corrimiento coincide con una disminución de la demanda de estos. El primer número está articulado en función del concurso internacional de Peugeot y todos los artículos están referidos o en función de este (crítica, tecnología, urbanismo, código, etc.):

Reinaldo Leiro: Industrialización de la construcción
Odilia Suárez: Los aspectos urbanos del edificio Peugeot
Francisco Bullrich: Comentarios sobre el concurso Peugeot
Atilio D. Gallo: El déficit social en la República Argentina

Es muy impactante ver la imagen de los jurados visualizando el material presentado en oportunidad de evaluar los concursos.

Las láminas expuestas definen una geografía, una topografía por donde se mueven los examinadores antes de emitir el juicio que definirá al ganador.

Una vez más, la imagen nos está expresando no sólo la envergadura y gran convocatoria que el concurso tuvo -jerarquizado por un jurado internacional con figuras de la altura de Alfonso Reidy y Marcel Breuer entre otros-. sino que además nos ubica contextualmente en un momento particular de la producción arquitectónica a partir de la modalidad de concursos.

A partir del número 2 se abre el campo al *DISEÑO INDUSTRIAL*. Se agregan *REVISTAS* como bibliografía. Aparece *FORMACIÓN* como una sección especial mientras que en contraposición los concursos van perdiendo preponderancia.

Será en el número 3 cuando se amplía la visión rioplatense a través de la inclusión de 5 obras de Uruguay (Casas en Carrasco, en Punta Ballena, casa y Sucursal del Banco de la República en Punta del Este, y Urnario en Montevideo).

Finalmente, ya en el número 4 se termina de incorporar a Latinoamérica al transitar ejemplos de Brasil (San Pablo, Museo de Arte Moderno de Río de Janeiro, Urbanización del Gloria-Flamingo, Botánico de San Pablo) y México (Compañía de Seguros, Seminario, museo en Ciudad Juárez).

ESTUDIO DE UN CASO
(*summa* n°2 octubre 1963 CAMM)

Haciendo foco sobre la primera obra examinamos una de las **imágenes gráficas y una fotografía**, su relación con el **epígrafe** y el **texto descriptivo** que completa el artículo.

La **revista número dos** de fecha octubre de 1963 plantea algunos temas en su introducción, los cuales se ven reflejados en la estructura de la revista. La autoría es de Carlos Méndez Mosquera, el director general de ese momento.

INTRODUCCIÓN SUMMA N° 2

Sobre el formato:
El presente número es en gran medida un ensayo, una muestra.

Sobre el contexto:
La arquitectura y el diseño industrial entran sin lugar a dudas en un periodo de madurez. No obstante, esa madurez no se nos muestra como un "estilo definido" sino como una dinámica búsqueda.

Sobre el planteo:
¿Qué pasa con la Arquitectura y el diseño HOY?

Sobre el contenido:
Trabajos cuidadosamente seleccionados muestran cómo un grupo de creadores interpretan el problema y cómo en Latinoamérica, a través de proyectos y realizaciones de ambos campos de la creación, dejan abierta la discusión.

Sobre la propuesta:
Es necesario crear nuevas formas para tiempos nuevos.

Méndez Mosquera (1963)
Introducción *summa* n°2

Detectados estos puntos nos planteamos un interrogante conductor del análisis:

¿Cómo se reflejan estos *filtros* en la estructura del discurso lingüístico y de la imagen?

Para ello trabajamos el primer artículo de la revista que presenta tres obras realizadas en el interior de Argentina.

primera obra: Hostería San Javier. 1957
Arquitectos: Soto / Rivarola.
Concurso Nacional.
pp. 24 a 38

segunda obra: Casa de Gobierno de la Pampa. 1955
Arquitectos: Clorindo Testa, Dabinovic, Gaido y Rossi.
Concurso Nacional.
pp. 39 a 49

tercera obra: Escuela Anastasio Escudero, Rosario. 1962
Arquitectos: HARPA (Hardoy, Aubone, Rey Pastor, Aizenberg) / Noguerol y Brebbia S.A.
pp. 50 a 56

El artículo abarca en total 32 páginas, de la 24 a la 56. Comienza enunciando que las tres obras están localizadas en Argentina. Las fotos son en blanco y negro. Un dato no menor es que los epígrafes de las fotos están traducidos a tres idiomas: español, inglés y francés. En estas especificaciones queda en evidencia la intención de ser una revista de distribución internacional.

La crítica que engloba a las tres obras se centra en establecer ciertos criterios de valorización enfocados en el tratamiento fluido del espacio, el manejo de la iluminación y la naturaleza de los materiales.

Haciendo foco sobre la primera obra examinamos una de las imágenes gráficas y una fotográfica, su relación con el epígrafe y el texto descriptivo que completa el artículo.

HOSTERÍA SAN JAVIER. 1957
Arquitectos: Soto / Rivarola
Concurso Nacional.

Las imágenes fotográficas se estructuran en las primeras páginas en fotos contextuales sobre Misiones, de una provincia incipiente que espera la arquitectura para ponerse en marcha. Las páginas subsiguientes describen la obra: planos y fotos de esta.
Los epígrafes, complemento de la foto, transitan los temas instalados en la introducción: contexto, paisaje, producción industrial: madera, turismo, población, inmigración.

Página 24:
cantidad de fotos: una.

Epígrafe:

Misiones. Paisaje natural. Componentes: el cielo brillante, la temperatura cálida, la selva atravesada por el camino de tierra colorada; el río, constante que se repite a través de todo recorrido por la Provincia. El hombre ha abierto arduamente brechas en la selva para llegar a los puntos poblados a los que el camino da salida.

Una mirada sobre la provincia, un recorte geográfico haciendo foco en los medios de comunicación (arroyo, puente, camino y los medios de transporte (bueyes, carro, automóvil) primer plano lo tradicional, segundo plano automóvil conquistando el territorio.

Página 25:
cantidad de imágenes:
1 gráfico, una foto

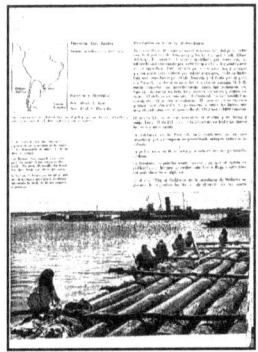

En esta primera imagen el dibujo se presenta muy sintético. Vemos la localización de la obra sobre un plano de Sudamérica dónde se delimita solamente Argentina haciendo foco en la provincia de Misiones. Se detecta la búsqueda de un incipiente diseño gráfico que organiza el texto dentro de una caja virtual definida por los elementos que la componen.

Epígrafe del gráfico:

Una arquitectura que destacándose en el paisaje por sus formas, materiales y colores corresponde al clima regional y sus costumbres.

Por debajo en el primer epígrafe, alejado de toda descripción, prima la contextualización y su interpretación, haciendo hincapié en el paisaje. La foto hace foco sobre el Paraná como comunicación comercial de la producción forestal.

Epígrafe:
El río desmantela la selva. El río se lleva el paisaje.

¿Qué paisaje? ¿A qué está haciendo referencia? El río se lleva los árboles.

Primer plano: balsa de madera, segundo plano barcos de diferentes envergaduras.
Al fondo: el paisaje.
Nuevamente en primer plano lo vernáculo o lo tradicional en segundo plano el progreso.

Página 26:
Cantidad de imágenes: Dos fotos.

1° foto: una vista de la localidad Dos de Mayo:

Epígrafe:
> San Pedro: en medio de la selva misionera la fabricación de madera terciada da trabajo y concentra a los pobladores. Viviendas típicas de la zona de explotación maderera. Arquitectura espontánea.

Primer plano la fabricación de madera terciada, segundo plano la casa de madera de arquitectura vernácula dispuestas sobre el solar generado por la selva desmontada, tercer plano la selva o forestación. La civilización conquista la naturaleza e introduce el progreso con la industria de la madera terciada.

2° foto:

Epígrafe:
Cataratas del Iguazú, atracción turística internacional.

Instala el tema de Misiones como lugar internacional y por el otro el turismo como industria.

Página 27:
cantidad de imágenes: una foto.

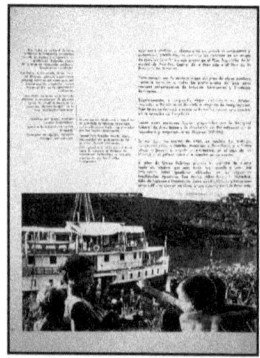

Refuerza su condición internacional describiendo su situación limítrofe con Brasil y describe qué tipo de población la caracteriza.

Epígrafe:
Puerto Iguazú. Límite con el Brasil. En la provincia de Misiones numerosas nacionalidades se hallan representadas por las familias inmigrantes.

Página 28:
cantidad de imágenes: una foto.

Reconocimiento a la naturaleza que da marco a estas obras a través de su gran escala. Es importante resaltar la incorporación de la palabra escala siendo este un término netamente arquitectónico.

Epígrafe:
Viejos árboles definen la escala grandiosa del paisaje.

Página 29:
cantidad de imágenes: una foto.

La arquitectura se define por sus materiales y por el juego de contraste de luces. Se confunden los elementos de arquitectura con el ritmo generado por las sombras. La composición de la foto se define por un equilibrio de opuestos entre el vacío del lado izquierdo que mira al paisaje y la construcción sobre el lado derecho. El entramado de la pérgola se le suma el de la sombra. Un primer plano que se recorta sobre el fondo de la pared blanca. Lo etéreo, lo macizo, el ritmo de los parantes, lo continuo de la pared. El ritmo horizontal de los tirantes, primer plano horizontal que junto con el del paisaje enmarca el cielo definiendo cuatro franjas paralelas: suelo, selva, cielo y pérgola.

La naturaleza se suma al ritmo vertical de los parantes a través de la esbeltez de la solitaria palmera. La camioneta, que para entonces significaba la presencia de la tecnología y de la accesibilidad, hoy nos muestra su momento histórico.

La foto se estructura a partir del equilibrio de opuestos, la definición de los volúmenes y el espacio traducido por medio de la luz muestran la pregnancia de las enseñanzas de Moholy-Nagy. No es casualidad que el libro *La nueva visión* se publica por primera vez en Argentina en 1963 por Ediciones Infinito, cuyo editor fuera Méndez Mosquera.

Epígrafe:
Vista de dormitorios de pasajeros y pérgola de entrada.

Página 30:
cantidad de imágenes: tres fotos.

Epígrafe:
Vista de los dormitorios y pérgola desde el S.O.
Vista del comedor y pérgola desde el N.E.
Vista del conjunto de dormitorios de pasajeros y espejo de agua.
Se notan los sobretechos de sombra.

Página 31:
cantidad de imágenes: cuatro fotos.

En estos registros fotográficos la condición de las fotos en blanco y negro refuerza los conceptos enunciados y es soporte de esta nueva visualidad que nos remite directamente a la obra de Moholy-Nagy.

Epígrafe:
Galería de comunicación de dormitorios de pasajeros. / Hormigón, ladrillo y madera. Patio entre pérgola y comedor. / Zona de servicio. / Galerías en Planta Alta.

Página 32:
cantidad de imágenes: tres fotos.

Los registros fotográficos combinan tomas panorámicas donde se visualizan la austeridad de los volúmenes acentuando los contrastes de luz y de sombra. Mientras que las fotos interiores muestran detalles de las carpinterías y los juegos geométricos en la resolución del equipamiento que se materializan en planos revocados de mampostería.

Epígrafe:
Vista exterior del comedor. / Vista interior del comedor. / Vista interior del bar

Página 33 - Página 34 - Página 35:
Tres páginas consecutivas que presentan la documentación gráfica

 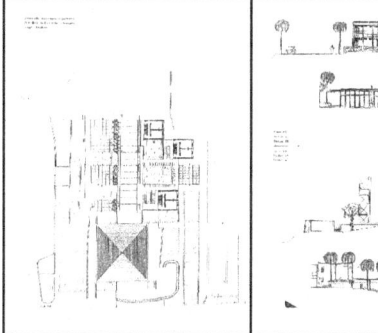

Página 33:
Plano de implantación

Epígrafe:
Hostería San Javier. Planta baja. Dormitorios de pasajeros, vivienda del gerente, habitaciones de servicio, cocina y comedor.

Página 34:
Plano

Epígrafe:
Planta alta. Dormitorios de pasajeros.

Página 35:
2 planos

Epígrafe:
Corte CD
Corte AB

Página 36:
1 foto

Epígrafe:
Galerías en planta baja

Esta página se intercala entre la rigurosidad de documentación gráfica reforzando su fuerza expresiva. Solitaria, se presenta a página entera poniendo en evidencia la construcción de una nueva forma de concebir el espacio y entender la arquitectura. Incorporan el contraste de la luz y la sombra como material de trabajo que define las categorías espaciales manifestadas en semicubiertos y espacios de transición. La articulación del encuentro entre el exterior y el interior; que se adaptan a los desniveles del terreno y dirigen las visuales a los paisajes que la circundan.
Composiciones abstractas que más que mostrar la obra se presentan como expresiones plásticas en sí mismas. La modernidad presente en sus referentes: Moholy-Nagy en la expresión de los materiales, con la presencia de los planos y líneas que caracterizan los espacios exteriores.

Página 37:
3 planos de implantación

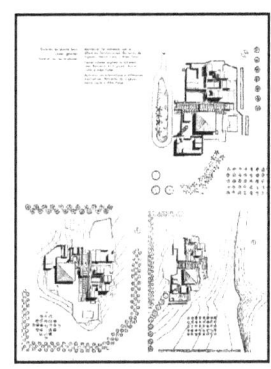

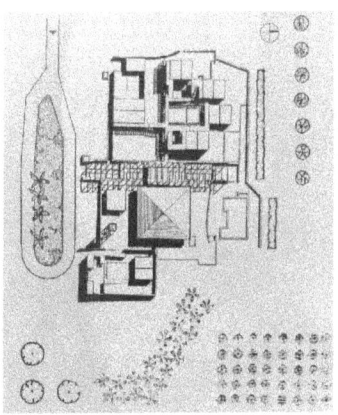
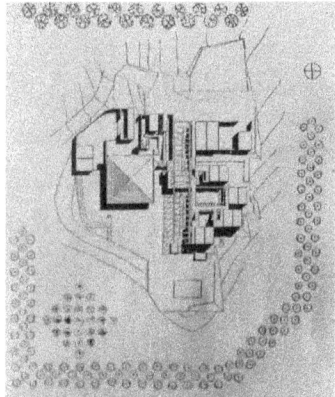
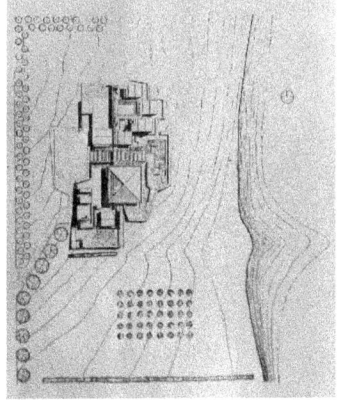

Epígrafe:
Aplicación del esquema tipo a diferentes localizaciones. Bernardo de Irigoyen, Monte Carlo y Alba Posse

Página 38

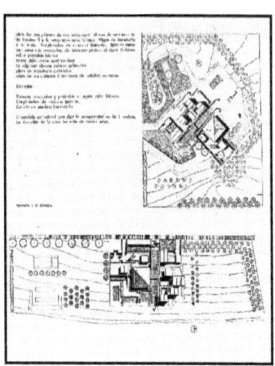

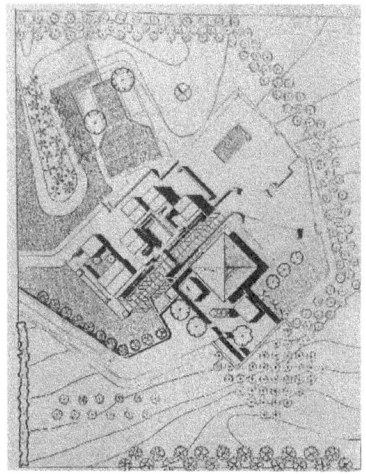

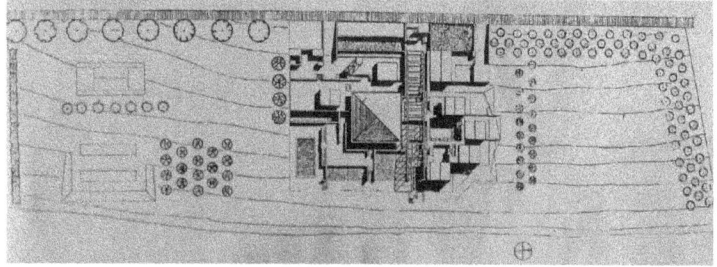

Epígrafe:
Apóstoles y El Soberbio

La documentación técnica instala la idea de prototipo que se va a adaptar a las distintas condiciones del sitio. El concepto de estandarización que todo desarrollo de un prototipo conlleva se ve expresado en la réplica de las hosterías en seis sitios distintos: San Javier, Montecarlo, Apóstoles, Alba Posse, el Soberbio, Bernardo de Irigoyen.

La revista se complementa con un anexo gráfico con obras aún no construidas denominado *Los tres proyectos*, donde se incluyen:
- Iglesia de Venado Tuerto, (Justo Solsona, Josefina Rodríguez Bauzá, Carlos Libedinsky)
- Cementerio de Mar del Plata, (Horacio Baliero, Carmen Córdova)
- Monumento a Batlle y Ordóñez (Clorindo Testa)

Aparecerán en la sección cuyo soporte son hojas de distinto gramaje de color celeste. Las imágenes variarán desde las fotos de las maquetas sobre fondo oscuro sobre el que se recortan volúmenes definidos por luces y sombras, a la documentación técnica y los dibujos a mano alzada que muestran toda la potencia creadora de sus autores. Podemos encontrar en la documentación claras referencias formales a arquitecturas vanguardistas contemporáneas:

Los dibujos de Baliero para el cementerio de Mar del Plata evidencian una clara postura expresionista reconociendo en ellos las huellas de Mendelsohn para los almacenes Schocken y en lo formal a la obra de Oscar Niemeyer en los proyectos para Brasilia.

En el caso del proyecto de Clorindo sobre el monumento se reconoce un Testa preocupado en traducir sus ideas a través de dibujos cargados de referencias textuales definidos por un trazo fino y minucioso. La imagen que traduce la idea principal remite claramente a la impronta de Le Corbusier y sus dibujos sobre Chandigarh.

Es interesante notar la preocupación del editor de diferenciar las obras realizadas de los proyectos a partir del cambio de soporte en este caso manifestado por la textura y el color de las hojas, así como su ubicación en la parte central del ejemplar.

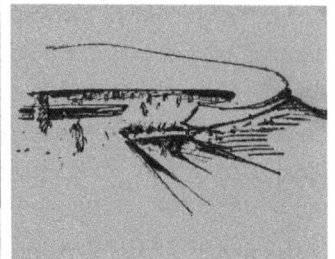
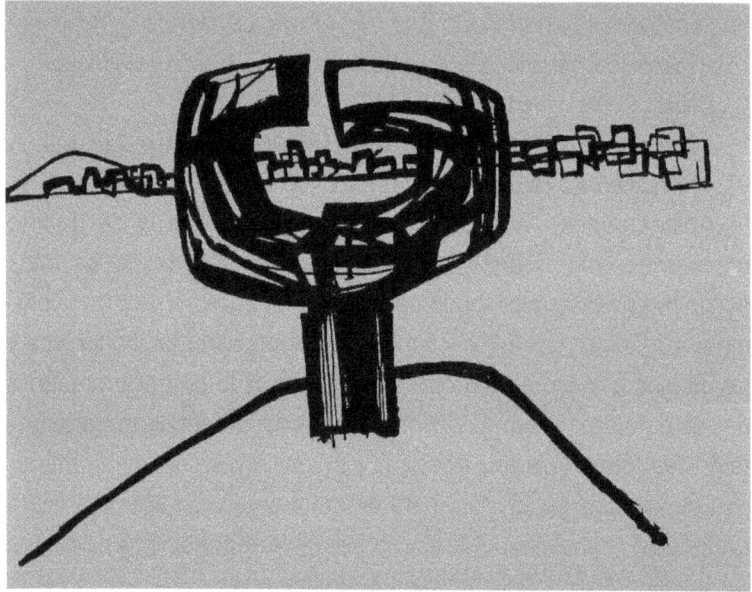

No es casual que inmediatamente y a continuación de esta sección, en la revista se incorpore un texto del británico Reyner Banham sobre *La arquitectura expresionista*.

APÉN [DICE]

La publicación de la revista *summa* fue capaz de generar teoría crítica, promover vanguardia e instalar el debate en relación con la producción arquitectónica y su difusión. Esto se traduce claramente en las decisiones editoriales y en su expresión gráfica y textual. Consideramos que lo enunciado ha sido un gran aporte para la creación de nuevos campos disciplinares en el área del diseño y a la vez la huella de un momento de búsquedas y experimentación.

A través del tiempo la revista va adquiriendo distintas interpretaciones. Este artículo se enfoca sobre uno de los posibles recortes que la lectura de la revista posibilita y deja abierto otros caminos sobre los cuales debatir.

[Biblio] grafía

AA.VV. (1963). *Summa: Revista de arquitectura, tecnología y diseño*. N°1.

AA.VV. (1963). *Summa: Revista de arquitectura, tecnología y diseño.* N°2.

AA.VV. (1964). *Summa: Revista de arquitectura, tecnología y diseño*. N°3.

AA.VV. (1965). *Summa: Revista de arquitectura, tecnología y diseño*. N°4.

BERGER, J. (2017). *Modos de ver*. Barcelona: Gustavo Gili.

MOHOLY-NAGY, L. (1997). *La nueva visión*. Buenos Aires: Ediciones Infinito.

MÉNDEZ MOSQUERA, C. (1963). Introducción. *Summa: Revista de arquitectura, tecnología y diseño*. N°2, p. 21.

Anexo 1.

TEXTOS

[*SUMMA* 1]

Introducción

"La República Argentina carece a nuestro juicio de un medio de comunicación entre todas les personas interesadas en lograr un alto nivel de calidad de los temas de arquitectura, tecnología y diseño. Creemos que Latinoamérica también carece de ese medio integral.

Esa es la razón de la aparición de *summa*.

Arquitectos, ingenieros, técnicos, diseñadores industriales, diseñadores gráficos y todos los interesados directa o indirectamente en estos temas hallarán en *summa* su medio de comunicación. Comunicación contemporánea entre todos los interesados en todos los temas que ella abarca.

Esa es la pretensión de *summa*.

summa pretende mostrar el quehacer latinoamericano.

summa cree firmemente en la existencia de una Latinoamérica presente y constructora, de una Latinoamérica que juega y jugará aún más un papel decisivo en la convivencia mundial.

Además, USA, Europa, África, Asia deben saber que existe en Latinoamérica todo un grupo de técnicos que construyen un mundo futuro. Por eso pretendemos que *summa* contenga material no sólo argentino sino de toda América Latina, para poder comunicarnos entre nosotros y para mostrar al resto del mundo la realidad latinoamericana.

Ello no significa que ignoremos o excluyamos material no latinoamericano; al contrario, estamos interesados en conocer todo el quehacer mundial aunque no pretendamos competir con publicaciones que ya cumplen esa difusión en forma perfecta.

Esto es pues, más que un Editorial. Es una invitación a la colaboración. Colaboración mediante la sana crítica, colaboración mediante el envío de artículos y trabajos.

summa está abierta a todos los aportes progresistas y actuales que signifiquen una justa utilización de los medios contemporáneos.

summa cree que existe un vasto sector que trabaja por la concreción de un mundo mejor.

summa quiere ayudar a su construcción.

Carlos A. Méndez Mosquera
Director General

[*SUMMA* 2]

Introducción

En la introducción del número anterior afirmábamos que *SUMMA* está abierta a todos los aportes progresistas y actuales que signifiquen una justa utilización de los medios contemporáneos.

Esto encierra una meditación y una programación.

El presente número es en gran medida un ensayo, una muestra, referida a algunos aspectos de ese postulado.

La arquitectura y el diseño industrial entran sin lugar a dudas en un período de madurez. No obstante, esa madurez no se nos muestra como un "estilo definido" sino como una dinámica búsqueda.

Los grandes maestros de la arquitectura y el diseño del siglo XX han marcado un camino, han definido nuevas formas de expresión con respecto al pasado.

¿Pero, qué pasa con la arquitectura y el diseño HOY?

Algo de eso hemos querido mostrar a través de este número. Trabajos cuidadosamente seleccionados muestran cómo un grupo de creadores interpretan el problema y cómo en Latinoamérica, a través de proyectos y realizaciones de ambos campos de la creación, dejan abierta la discusión. No podemos dejar de pensar que lo "fácil", lo "no arriesgado", lo "no realmente creativo" no concuerda ya con el agitado, casi febril impulso con que se mueve hoy la humanidad.

Es necesario crear nuevas formas para tiempos nuevos.

Ese es el camino –difícil– pero el único para poder interpretar nuestra época y quizá… para definir un nuevo estilo…

Carlos A. Méndez Mosquera
Director General

[SUMMA 3]

Introducción

Con la aparición de este tercer número de *summa*, podemos ya realizar un balance del pasado y de la tarea futura de nuestra revista.

Los dos números publicados tuvieron una respuesta favorable y dejaron como saldo algunas críticas de interés y la reafirmación de que nuestros propósitos no estaban errados.

Se nos dijo que la revista era un "alarde gráfico", fuera de escala con la realidad argentina y latinoamericana. No estamos de acuerdo con esa crítica: adoptar la mejor técnica de comunicación gráfica no es un alarde, y la realidad argentina y latinoamericana merecen aún más que nuestra revista.

Se nos dijo también que la aparición del número 2 nos enrolaba en una "postura" frente al diseño arquitectónico. Nada más tremendo que no tenerla; *summa*, por lo menos en ese terreno, mantiene una posición acorde con el momento económico, político y social de hoy.

El presente número despeja dudas con relación a un posible "partidismo cerrado": la publicación de obras de arquitectura en el Uruguay cumple con una de los postulados de la revista –mostrar el quehacer latinoamericano (ver Introducción *summa* número 1)– y revela además, claramente, una "disidencia estilística" en las obras presentadas. Si a ellos se le agregan los artículos sobre "curtain wall", diseño empresario y símbolo en el arte, completamos un panorama en el que se abren caminos, siempre con miras al logro de una solución de problemas contemporáneos con una adecuada técnica contemporánea.

Unas palabras sobre el artículo "Una experiencia en diseño".

A lo que estamos directamente interesados en el "diseño empresario" y trabajamos en él, nos resulta particularmente grato presentar, por primera vez en castellano, un tema que resume las más modernas posibilidades y técnicas de comunicación entre empresas y mercado.

Es una cabal demostración de la integración semántica que se produce en la arquitectura, la tecnología, el diseño industrial y el diseño gráfico cuando todos obedecen a un plano orgánico.

Nuestra postura al realizar una publicación que abarque por igual a la arquitectura, la tecnología y el diseño no es producto del azar: todos, por vías distintas, nos dirigimos a un mismo objetivo: la concreción de un mundo mejor, con ciudades mejores, con viviendas mejores, con calles mejores, con plazas mejores, con transportes mejores, con espectáculos mejores, con objetos mejores, con una comunicación comunitaria mejor.

summa, muy honestamente, tiende a ello.

Carlos A. Méndez Mosquera

[*SUMMA* 4]

Introducción

Estando en prensa la revista me enteré de la noticia. Le Corbusier había muerto.

Ello me llevó a sustituir la introducción por la presente. *summa* no podía dejar de rendir homenaje al gran "Corbu".

Desde el viernes 27 (Le Corbusier falleció el 26 de agosto de un síncope cardíaco, mientras se bañaba en Cap Martin, Francia) hasta el martes 31 –fecha en que di una clase a mis alumnos de la Facultad de Arquitectura en su homenaje– me enfrasqué en su obra.

Rodeándome de sus libros, recordé mis experiencias como alumno, influido por la potente imagen del viejo maestro. Mi escritorio estaba repleto de libros (¡cuántos escribió!), de revistas con artículos suyos y también de la colección de "L'Esprit Nouveau", en fin, de una cantidad abrumadora de material corbusierano. Y entre lectura y lectura, a través del análisis de sus edificios, de sus proyectos, de sus urbanizaciones, de sus diseños de muebles, de sus cuadros, de sus murales, de sus esculturas, de sus dibujos, de sus fotos, de su lenguaje, de su filosofía, de su poesía, siempre me surgía una imagen constante: Le Corbusier el hombre, Le Corbusier el ser humano.

Leer por ejemplo ese encantador librito, "Une Petite Maison", que reseña la casa que construyó para sus padres en 1923 sobre el lago Léman, en Suiza, nos muestra al arquitecto, sí, pero sobre todo muestra la imagen de un ser humano, de una bondad y nobleza sin igual.

Lo mismo me pasó al releer capítulos de "La Carta de Atenas", de "Mensaje", o esa maravillosa introducción al 8° Congreso de los CIAM en Bérgamo (1949), o "Les Trois Etablissements Humains", o la carta a Martienssen (1936), o "Destin de Paris", etc., etc.

Más emocionante aún es el análisis de su cabaña de vacaciones y veraneo en Cap Martin; esa obra realizada por él, para él mismo, lo define con toda claridad. ¡El más grande arquitecto del mundo, era feliz en su cabaña de escasos 20 m²!

Es por eso que pienso que su figura perdurará en la historia de la arquitectura, el diseño y las artes visuales.

Porque fue un hombre maravilloso, que no trabajó nunca para él, sino para la comunidad.

Porque todos sus esfuerzos como creador se concentraron en lograr hacer más feliz al hombre.

Creo que todo eso marca la diferencia básica entre él y los demás pioneros de la arquitectura y el diseño modernos.

Le Corbusier ha muerto.

¡Viva Le Corbusier!

Carlos A. Méndez Mosquera

[*SUMMA* 5]

El problema universitario

Al asumir el poder las actuales autoridades de la Nación, en una de sus primeras manifestaciones hicieron un llamado a la unión de todos los argentinos. Esta unión, basada en objetivos comunes de progreso, es evidentemente la condición indispensable para propender al desarrollo nacional, consolidar las conquistas internas y afianzar el prestigio del país en el exterior. Entre otros factores, dichos objetivos requieren para su cumplimiento que se otorgue un decidido apoyo a la creación tecnológica y científica. Pero no basta para ello con implementar a las Universidades con recursos económicos o producir reformas organizativas. Requiere sobre todo condiciones de base que estimulen el deseo de enseñar y aprender y que promuevan la inquietud por la investigación.

Por ello, la promulgación de la ley 16.912 y los procedimientos abusivos ocurridos en varias facultades –que en el caso particular de la facultad de Arquitectura se tradujo en la irrupción violenta de las fuerzas policiales en el recinto de la facultad cuando se estaban realizando normalmente las actividades, en la agresión física a sus autoridades y a numerosos alumnos, en detenciones arbitrarias, y en la publicación de un comunicado en que se tergiversaban los hechos producidos– no solo han desmentido los propósitos enunciados por el gobierno, sino que han puesto en grave peligro el futuro de la enseñanza en nuestro país. Las renuncias masivas de docentes e investigadores y las numerosas expresiones condenatorias de los hechos son prueba fehaciente del deterioro producido.

Cuando, diez años atrás, se devolvió la autonomía a las Universidades Nacionales, se inició un proceso de reestructuración democrática y se lograron condiciones que hicieron proficua su labor en el campo técnico y científico. De sus aulas egresaron profesionales cuya capacidad ha sido reconocida mundialmente y que afianzaron el prestigio intelectual del país. Como lo han declarado recientemente el ex rector y grupo de ex decanos, la mera enunciación de los objetivos alcanzados revela la solidez de la obra realizada: se proveyeron las cátedras mediante concursos; se creó el régimen de dedicación exclusiva y la investigación llegó a constituir una actividad universitaria normal; se crearon por primera vez becas internas y externas para graduados y estudiantes; se proporcionó orientación vocacional a estos últimos; se otorgó prioridad a aquellas carreras vinculadas a la formación de técnicos y científicos indispensables para el país; se crearon carreras y escuelas totalmente nuevas; se aumentó el número de egresados, que alcanzó el nivel más alto en la historia de la Universidad; se normalizó el funcionamiento de los institutos y se otorgó verdadera jerarquía al doctorado; se fundó la Editorial Universitaria, que es hoy la más importante de las editoriales de habla española; se inició la construcción de la ciudad universitaria; se dotó a las facultades de equipos y aparatos para la investigación.

Durante este período, en medio de una continua inestabilidad política y económica, de repetidos cambios institucionales que afectaron las estructuras básicas de la Nación, de insuficiencia de presupuesto y de problemas financieros de toda índole, se trabajó sin embargo en un clima de amplia convivencia democrática, sin discriminaciones de ningún tipo, abierto a todas las expresiones del espíritu moderno y con la participación activa de profesores, graduados y estudiantes en las aulas y en el gobierno universitario.

La Universidad también tuvo sus deficiencias, que nadie pretende desconocer –prueba de ello son los trabajos comenzados, entre otros, en la Facultad de Arquitectura por el ex Decano para revisar totalmente sus estructuras–, pero que no alteran en absoluto el valor altamente positivo de las gestiones realizadas. Es que la Universidad, como organismo vivo, no pudo mantenerse ajena ni dejar de hacerse eco de las condiciones complejas y difíciles por las que atravesó el país.

Tomando hechos puramente incidentales como fundamentales, como el valor real de la obra realizada y pretendiendo convertir a estos hechos en presuntos problemas ideológicos, las nuevas autoridades designadas por el gobierno se plantean hoy la necesidad de establecer reformas que supuestamente permitirían a la Universidad adaptarse a los requerimientos del país e integrarse de manera más efectiva a la comunidad nacional. Pero una Universidad teóricamente neutral y apolítica, en la cual las ideas ya no puedan ser expresadas sin temor, donde la libertad de estudiar objetiva y científicamente cualquier tipo de pensamiento o sistema de ideas –hecho que constituye la esencia misma del espíritu universal de la Universidad– ya no exista, mal puede constituirse en el instrumento de cultura que el país necesita. El resultado será, por el contrario, la pérdida de muchos de trabajo fecundo que no podrán ser recuperados; el alejamiento de gran cantidad de científicos y técnicos; el deterioro de la actividad creadora; la disminución de la enseñanza a una numerosa población estudiantil que acude a las aulas universitarias en procura de los más altos niveles de capacitación en el proceso constructivo del país.

En el momento de cerrar estas líneas, el gobierno no ha producido aun las rectificaciones necesarias que permitan asegurar el reintegro digno de los profesores a sus cátedras, tanto de los que se sintieron obligados a renunciar ante los hechos producidos como de los que, aun en desacuerdo con ellos, no lo hicieron. Si esto no se produce, confiamos sin embargo que aquellos que se alejan de los claustros mantengan vivo el espíritu que hizo de nuestra Universidad un centro de irradiación de la cultura y de la verdadera educación democrática.

El editor

Anexo 2.

ÍNDICES

[*SUMMA* 1]

pág. 14		Imágenes de la ciudad
19	Lewis Mumford	El caso contra "La arquitectura moderna"
28	Eduardo Sacriste	Obras de Eduardo Sacriste en Tucumán
43		Planos de las obras comentadas
53	Eduardo Sacriste	Idea arquitectónica
57	Francisco Bullrich	Arquitectura argentina, hoy
62		Buenos Aires abre sus vidrieras al buen diseño
66		Obras desvirtuadas
67		¿Maestros de la arquitectura o equipos coordinados? Encuesta
69	Reinaldo J. Leiro	Industrialización de la construcción
80		Primer Concurso Internacional de arquitectura de la República Argentina. El Edificio Peugeot
91	Odilia E. Suárez	Los aspectos urbanos del edificio Peugeot

[SUMMA 2]

pág. 24		Tres obras en Argentina
25		Hostería San Javier, Misiones
39		Casa de Gobierno de La Pampa
50		Escuela Anastasio Escudero, Rosario
57		Tres proyectos
57		Iglesia de Venado Tuerto
63		Cementerio en Mar del Plata
69		Monumento a Battle y Ordoñez
77	Reiner Banham	La arquitectura expresionista
83	Justo J. Solsona, arq.	Arquitectura: año 1963
85	Jorge J. Goldenberg, arq.	Presentación y defensa de la arquitectura fantástica
98		Plan urbanístico de la zona centro de Buenos Aires
100		Diseño Industrial: Argentina 1963
101		Primera Exposición Internacional de Diseño Industrial
103	José A. Rey Pastor, arq.	Diseño Industrial, Misha Black y un seminario
106		Seminario Tapiovaara
108	Leonardo Aisenberg, arq.	Impresiones acerca del seminario de Tapiovaara
109	Frank Mammelsdorff, ing.	Comentario sobre el seminario de Ilmari Tapiovaara
110	Jorge Vila Ortíz	Seminario Tapiovaara
111	Leonardo Aisenberg, arq.	Aspectos del diseño
116	José E. Rey Pastor, arq.	Diseño de muebles contemporáneos argentinos
122		Diseño industrial: una nueva plancha

124		Nuevo calefactor a gas
125	Frank Mammelsdorff, ing.	¿Diseño industrial argentino?
129		Artes visuales – Nueva tendencia
132		Noticias
134		Cartas a la Redacción
135		Concurso de anteproyectos para el Centro Cívico del Partido de Tres de Febrero
136		Comentarios Bibliográficos
145		Revista de Revistas
147		Boletín Bibliográfico
148		Noticias Biográficas

[SUMMA 3]

pág. 24		Cinco obras en el Uruguay
27	Mario Payssé Reyes, arq.	Casa en Carrasco
35	M. Payssé Reyes y A. Pozzi, arqs.	Sucursal del Banco de la República en Punta del Este
40	Nelson Bayardo, arq.	Urnario del Cementario del Norte en Montevideo
48	J. M. Borthagaray y J. Solsona, arqs.	Casa en Punta Ballena
54	E. Katzenstein y J. Solsona, arqs.	Casa en Punta del Este
60	E. Sacriste, arq.	Tah Majal
67	J. M. Borthagaray, arq.	Industrialización liviana: Curtain Wall
80	L. González Lanuza y R. Isola	Anotaciones sobre Curtain Wall
84	Richard E. Huppertz	Una experiencia en diseño
90	Samuel Paz	La escultura de Claudio Giroli y Ennio Iommi
94		¿Villas Miseria?
99		Déficit social en la Argentina (II)
101		VII Congreso de la Unión Internacional de Arquitectos
113		Olivetti: Nuevos diseños de máquinas de calcular
114		Noticias
122		Comentarios bibliográficos
124		Revista de Revistas
127		Cartas a la Redacción
128		Noticias biográficas

[SUMMA 4]

pág. 28	Francisco Bullrich, arq.	México y Brasil: realizaciones recientes
36	Joao Vilanova Artigas, arq.	Vestuarios para el Sao Paulo Futbol Club
43	Affonso Eduardo Reidy, arq.	Museo de Arte Moderno de Río de Janeiro
53	Roberto Burle Marx, Mauricio C. Monte, Julio César Pessolani, John G. Sttodart y Fernando Taberna Pena, arq. paisajistas asociados	Urbanización del "aterro" Gloria-Flamingo
56	Roberto Burle Marx, Mauricio C. Monte, Julio César Pessolani, John G. Sttodart y Fernando Taberna Pena, arq. paisajistas asociados	Proyecto para el Jardín Botánico de Sao Paulo
65	Augusto H. Álvarez, arq.	Edificio para la Compañía de Seguros en México
68	Teodoro González de León, arq.	Barrio de viviendas en Ciudad Sahagún
72	Pedro Ramírez Vázquez, arq. Rafael Mijares, arq.	Seminario para religiosas en México
76	Pedro Ramírez Vázquez, arq. Rafael Mijares, arq.	Museo en Ciudad Juárez
78	Félix Candela, ing. Mauricio Monte, arq.	Arquitectura y estructuralismo
83		Diseño de Objetos de uso cotidiano
90		Noticias
92		Comentarios Bibliográficos
94		Revista de Revistas

[SUMMA 5]

pág. 17		Editorial
19	Consejo Federal de Inversiones	Bases para el desarrollo regional argentino
22	Francisco Bullrich, arq.	Arquitectura industrial argentina
24	Federico Peralta Ramos, arq.	Algunas consideraciones sobre el tema de la arquitectura industrial
25	Sánchez Elía, Peralta Ramos y Agostini, arqs.	General Motors S.A.
30	Sánchez Elía, Peralta Ramos y Agostini, arqs.	Kaiser Aluminio S.A.
34	Marco Zanuso, arq.	Olivetti Argentina S.A.
41	Consorcio Merz & McLellan; Sir William Halcroe & Partners	Central Costanera
49	Amancio Williams, arq.	Proyecto para una fábrica. Iggam S.A.
57	Gastón Breyer, arq.	Esquema para un estudio sobre la función de habitar
60		Década Mundial del diseño científico. Propuesta de R. Buckminster Fuller
63	Silvio Grichener, arq.	Teoría y práctica para el diseño en una época de cambio
65		Diseño Industrial
68		Noticias
76		Comentarios bibliográficos
83		Noticias biográficas

Los autores

María Eugenia García Bouza

Arquitecta, docente e investigadora (FADU-UBA) Fotógrafa (Escuela Nacional de Fotografía) Posgrado en Gestión Cultura, Patrimonio y Turismo Sustentable (Fundación Ortega y Gasset Argentina y Universidad Complutense de Madrid). Miembro del colectivo gbaestudioph. Realizó varios proyectos de investigación sobre Arquitectura y Fotografía en FADU-UBA como Directora de Proyecto. Especialista en Fotografía Contemporánea de Arquitectura. Muestras individuales y colectivas en FADU-UBA, en el MARQ –Museo de Arquitectura de Buenos Aires–, Fundación Telefónica, entre otros. Publicaciones digitales de fotografías en plataforma arqi. Muestras en papel en Revista Especial, muestra Alvarez-Testa (MARQ-SCA) entre otros. Miembro del colectivo metaphorarq.) Investigadora en el proyecto UBACyT: la revista *summa* y la creación de un nuevo campo disciplinar (1963-1977). Modernización y Vanguardias en la Arquitectura, el Urbanismo y el Diseño argentino y su representación gráfica.

Mabel Gentile
Arquitecta (UBA). Magister en "Historia, Arte, Arquitectura, Ciudad" Escuela Técnica Superior de Arquitectura de Barcelona. Universidad Politécnica de Cataluña, España. Profesora regular en Introducción a la Arquitectura Contemporánea e Historia de la Arquitectura (FADU-UBA). Fue profesora en la Universidad del Museo Social Argentino. Es profesora titular del Seminario de Maestría "Las ideas y las ciudades en América Latina" en la Maestría de Estudios Culturales Latinoamericanos (FFyLL-UBA). Escribió el libro *Frank Lloyd Wright en el Arte y la Arquitectura del siglo XXI*. Co-directora del proyecto UBACyT: la revista *summa* y la creación de un nuevo campo disciplinar (1963-1977). Modernización y Vanguardias en la Arquitectura, el Urbanismo y el Diseño argentino y su representación gráfica. Autora de diversos artículos de investigación.

Agustina Lezcano
Arquitecta (UBA). Magister en Crítica y Argumentación filosófica de la Universidad Autónoma de Madrid, España. Fue docente e investigadora en el Departamento de Historia y Crítica en Postgrado (FADU-UBA). Autora de diversos artículos de investigación. Fue miembro e Investigadora en el proyecto UBACyT: la revista *summa* y la creación de un nuevo campo disciplinar (1963-1977). Modernización y Vanguardias en la Arquitectura, el Urbanismo y el Diseño argentino y su representación gráfica.

María Silvia López Coda
Arquitecta (UBA). Magister en Cultura Argentina (INAP) Egresada del Instituto de Arte del Teatro Colón (ISATC). Miembro del colectivo metaphorarq. Profesora en Historia de la Arquitectura e Introducción a la Arquitectura Contemporánea (FADU-UBA). Docente en Introducción al Conocimiento Proyectual. (CBC). Codirectora de proyectos de investigación (Secretaría de Investigación

e Instituto Superior de Urbanismo –ISU– en FADU-UBA) Investigadora en el proyecto UBACyT: la revista *summa* y la creación de un nuevo campo disciplinar (1963-1977). Modernización y Vanguardias en la Arquitectura, el Urbanismo y el Diseño argentino y su representación gráfica.

Daniel Mazzei
Doctor en Historia por la Universidad de Buenos Aires. Especialista en Historia Política y Relaciones Civiles Militares durante la segunda mitad del siglo XX. Autor de *Medios de comunicación y golpismo. El golpe contra Illia* (G.E.U., 1997), *CEMIDA. Militares democráticos para la transición argentina* (Capital Intelectual, 2011), y *Bajo el poder de la caballería. El Ejército Argentino (1962-1973)* (Eudeba, 2012). Profesor Adjunto de Historia Argentina Contemporánea en la Facultad de Filosofía y Letras (UBA), docente de la carrera de Sociología (UBA), Investigador del Instituto de Estudios Interdisciplinario de América Latina (Filosofía y Letras, UBA), y Director de la Maestría en Estudios Culturales de América Latina (Filosofía y Letras, UBA).

María Antonia Nosiglia
Arquitecta (UBA). Magister en Estudios Ambientales (UCES). Especialista en enseñanza en Tecnologías de nivel superior. Realizó cursos de Postgrado en Harvard University y Massachusetts University. Docente en Introducción a la Arquitectura Contemporánea, Historia de la Arquitectura y Teoría de la Arquitectura (FADU-UBA) Docente en la Maestría en Proyecto Arquitectónico y Urbano de la Universidad Católica de Santa Fe. Profesora en UBA XXI. Miembro del colectivo metaphorarq. Investigadora en el proyecto UBACyT: la revista *summa* y la creación de un nuevo campo disciplinar (1963-1977). Modernización y Vanguardias en la Arquitectura, el Urbanismo y el Diseño argentino y su representación gráfica.

www.ingramcontent.com/pod-product-compliance
Lightning Source LLC
Chambersburg PA
CBHW062222080426
42734CB00010B/1985